新版

大学4年間の

会計学
見るだけノート

監修 | 小宮一慶 | Kazuyoshi Komiya

宝島社

金融教育が普及していない日本。
だから、学んでほしい！

　会計と聞くと、苦手と感じる人がけっこう多いかもしれません が、本当はそんなに難しいものではありません。会計を難しいと思ってしまうのは、貸借対照表や損益計算書などの財務諸表（決算書）の「つくり方」から勉強するからで、その「読み方」はそれほど難しいものではないのです。会計士や税理士、あるいは経理や財務の仕事をするなら別ですが、一般的なビジネスパーソンにとって、財務諸表は読めればいいものであって、つくり方を知る必要はないと私は考えています。パソコンは使えればよくて、別につくり方までは知らなくてもいいのと同じことです。

　しかし、逆にビジネスパーソンとして一定以上の地位についた場合や上を目指す人にとって、財務諸表をある程度読めないということは会議の場や意思決定において致命傷になる可能性があります。財務諸表というのは、会社の状況や成績を的確に表しているものだからです。私も、現在５社の社外役員や５社の顧問をしていますが、財務諸表とは切っても切れない日常を送っています。

　もちろん、貸借対照表の左側は「資産」で右側は「負債」

と「純資産」といった基本的なルールはあります。しかし、適切に財務諸表を読むためだけなら、そんなにたくさんのルールを理解する必要はありません。加えてそのルールも、なぜそうなのかという「理由」を理解すれば、容易に自分のものとすることができます。

　本書では、決算書の基本となる貸借対照表、損益計算書、そしてキャッシュフロー計算書の財務3表を中心に、基本的な構成や、押さえておかなければならないポイントを図表やイラストを交えて平易に説明しています。

　また、実際の企業の実例を用いることで、臨場感を高めつつ「損益分岐点」などの管理会計上の概念も簡単に説明しています。管理会計に関する知識も、ビジネスを行ううえで少なからず必要だからです。

　さらに、Chapter 9において、2021年に適用が開始された収益認識会計基準についてのわかりやすい解説を新たにつけ加えました。

　本書をお読みになり、会計や財務諸表の基本的な考え方を理解し、ご自身のビジネスに活かしてください。

小宮一慶

会計学を知れば 人生が豊かになる！

「会計学って役に立つの？」という人もいるかもしれませんが、会計学を学ぶことは生きるうえでとても重要です。

会計学を学ぶメリット

① 数字に強くなる

さまざまな数字を読み解く力が養われる会計学。数字に基づいた論理的思考が身につきます。

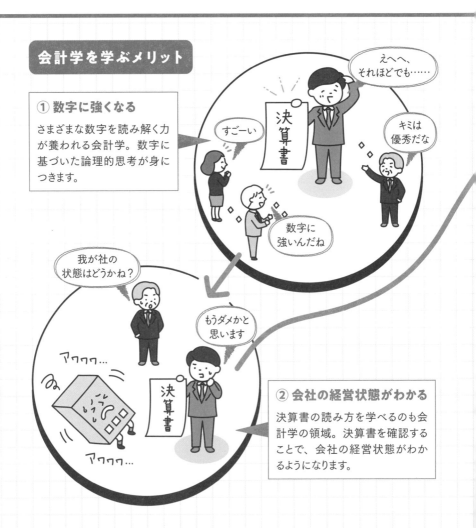

② 会社の経営状態がわかる

決算書の読み方を学べるのも会計学の領域。決算書を確認することで、会社の経営状態がわかるようになります。

③ 潰しが効く

会計知識はビジネスの共通語といわれ、会社の大小を問わず必要不可欠なもの。学んでおいて損はありません。

④ 会社の将来性がわかる

会計学から学べる決算書を読み解くことで、会社の過去や現在だけでなく、将来も見通す力がつきます。

**⑤ グローバルに
　　力を発揮できる**

国によって多少の違いはありますが、会計学の知識は世界共通。会計学を学べばグローバルに力を発揮することができます。

本書を通じて得られる会計学の知識

ひと口に会計学といってもさまざまな分野があります。まずは本書で紹介するChapterごとの会計学の概要を把握しておきましょう。

START!

CHAPTER 01

基本を学ぶ

基礎工事中

会計学を学ぶうえで必要な基礎的な知識を紹介します。

決算書について知る

CHAPTER 02

ガオーッ

企業の経営成績や財政状態を表す決算書の大枠について理解を深めます。

CHAPTER 03

決算書であり財務3表のひとつでもある損益計算書。会社が1年間で得た利益がわかります。

売上高

損益計算書について知る

貸借対照表について知る

CHAPTER 04

決算書であり財務3表のひとつでもある貸借対照表。資産と負債のバランスで会社の経営状態が読み解けます。

キャッシュフロー計算書について知る

決算書であり財務3表のひとつでもあるキャッシュフロー計算書。会計期間内のお金の動きがわかります。

財務3表のつながりを知る

財務3表はそれぞれ独立しているように見えますが、つながりがあることをわかりやすく解説します。

決算書で企業の情報を読み解く

決算書の情報をもとに、会社の財務状況やお金の流れなどを読み解き、企業を分析する力を身につけます。

成長企業の決算書を読み解く

企業の成長性を決算書から読み解きます。企業の成長性を知ることは、投資をする際にも役立ちます。

収益認識会計基準について知る

売上をどのように認識して、どのようなタイミングで財務諸表に反映するのかという会計基準について解説します。

GOAL！

大学4年間の
[新版] **会計学**
見るだけ **ノート**
Contents

Chapter 2
決算書を読むことは難しくない

Chapter 1
会計学の基本

Chapter 5

キャッシュフロー
計算書(C/S)を
くわしく教えて！

Chapter 6
財務 3 表の
関係性

Chapter 7
決算書で
企業分析

Chapter 8
成長する企業の
決算書

Chapter 9
収益認識会計基準 について知る

※本書は 2019 年 3 月 29 日に発行した『大学 4 年間の会計学見るだけノート』を再編集し、監修者・小宮一慶が代表取締役 CEO を務める「株式会社小宮コンサルタンツ」の協力のもと、新版として発行したものになります。

会計学の基本

そもそも会計ってなんのためにあるの？
3つの会計の種類と基本ルールを
ゼロから説明します。

01 会計ってなに？

みなさんは「会計」と聞いてなにを思い浮かべるでしょうか？
そもそも、会計とはなにかについて解説します。

会計と聞くと、「買い物をして、お店に会計を済ますこと」を思い浮かべる人も多いと思います。そもそも会計の定義は2種類あり、1つ目が「代金の支払い」という意味です。これは皆さんもよく知っている会計のこと。そして、もうひとつが「お金の増減を記録する」という意味の会計。身近なところでいうと、**実は家計簿も会計のひとつです。**しかし、家計簿は一家の収入と支出だけを記録するもので、会社では使用できません。

会計の種類

代金の支払い　　　　　　　お金の増減を記録

お会計は
600円です

先月はかなり
収入があった

でも今月は
こんなに
出費が！

A社と
100万円の取引が
成立しました

不備があって
20万円の損害です

では、会社で使用される企業会計には、どんなものがあるのでしょうか？　企業会計（財務会計）は、お金の収入・支出だけではなく会社のさまざまな活動を金額データに置き換えて、会社の状況を分析する手段・**プロセス**のことです。いわゆる株式会社には、設立するときに株を買って投資してくれた株主がいます。株主に還元される配当金は会社の業績によって変わるため、株主は会社の状況が気になります。そこで、役立つのが会計です。会計を用いてお金の増減について、**株主をはじめとした利害関係者に正確に説明するのです。**ちなみに、会計は英語で「accounting」といい、「説明する」という意味の「account for」に由来するといわれています。

会計の役割

02 会計の種類① 財務会計

財務会計は外部利害関係者への公表を目的としたもので、
公正な会計基準での作成が求められます。

財務会計とは、企業を取り巻く外部利害関係者に対して、その企業の現状を報告するために公表される会計のことです。財務会計の主な利用者は株主や債権者などですが、競合他社や取引先、従業員なども含まれます。**また、最近は企業の社会性が高まっていることから、消費者もその対象となります**。企業は、決算時に財務諸表（P.40）を作成して報告を行い、外部利害関係者は、その企業の財務内容を競合他社や業界水準などと比較することで業績を判断します。

外部利害関係者への報告が目的

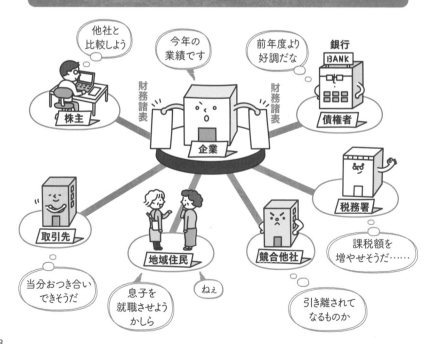

財務会計は株主と債権者など、対立する利害関係者に客観的な情報を提供する機能も担っています。 そのため、原則としてすべての企業が会計処理をする際に、必ず従わなければならない企業会計原則^{（※）}に則った公正な会計基準が適用されます。この財務会計において、会社法、金融商品取引法、税法の枠組みの中で行われるものを制度会計といいます。財務会計では、これらの原則に則って損益計算書（P.48）、貸借対照表（P.70）などを作成し、さまざまな情報を開示します。財務会計は、このような性質から**外部報告会計**とも呼ばれます。

株主と債権者の利害を調整

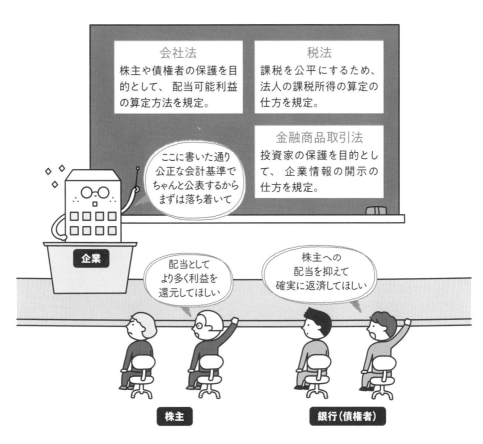

03 会計の種類② 管理会計

管理会計は、財務会計と異なり作成の義務はありませんが、緻密な経営戦略を立てるためには必須の会計です。

外部向けの財務会計とは逆に、経営者や管理職などの経営管理者への報告を目的に作成される会計が管理会計です。これはあくまで会社内部で管理を行うためのものなので、法令によって強制されるものではありません。そのため、どのような形で作成するかは会社によって異なります。また、財務会計は報告の期限が定められているのに対して、**管理会計は任意のもののため、作成する時期も期間も定められていません。**

管理会計は会社内部への報告が目的

管理会計は、文字通り経営管理に役立てることを目的とした会計で、予算管理や原価管理などのさまざまな手法を用いて経営管理に活用されます。企業には、管理会計を行う義務はありません。**しかし、業績のよい企業はほぼ必ず管理会計を行っています**。なぜなら、管理会計を行わないと自社の業績の推移や業界内での立ち位置、改善点など、経営戦略策定のための分析が十分にできないからです。せっかく事業が好調に成長しているのに拡大の判断ができなかったり、暗礁に乗り上げている事業からの撤退が遅れたりと、意思決定の精度が低くなってしまいます。管理会計は、このような性格から**内部報告会計**とも呼ばれます。

予算管理と原価管理

管理会計にはさまざまな手法がありますが、主なものに「予算管理」と「原価管理」があります。

これまでの実績をもとに3年後まで必要な資源を決定しておこう

●予算管理とは
来年度あるいは3年単位など中長期的な期間で予算を決定し、経営に活かすためのしくみ。

資金

物資

人材

設備

●原価管理とは
原価の維持や引き下げを目的とした管理活動で、とくに製造業で用いられる。コストマネジメントとも。

どの原価が削れるか過去の実績や現状を分析しよう

04 会計の種類③ 税務会計

税務会計は財務会計の1種といえますが、
その目的はまったく異なります。

会社は事業年度が終了した際に、決算書と税務申告書を作成して納税を行います。その際、会社の活動の成果をもとにして税金の金額を算出するための会計が税務会計です。この税務会計は、国や地方公共団体といった外部利害関係者への報告を目的としているため、財務会計の1種ともいえます。ただし、財務会計は企業の業績を適正に表すための会計であるのに対し、**税務会計は納めるべき税金を算出するための会計のため、それぞれの計算方法は異なります。**

税務会計は財務諸表がベース

財務会計、管理会計、税務会計はそれぞれ目的が異なりますが、いずれも核となるのは財務諸表です。

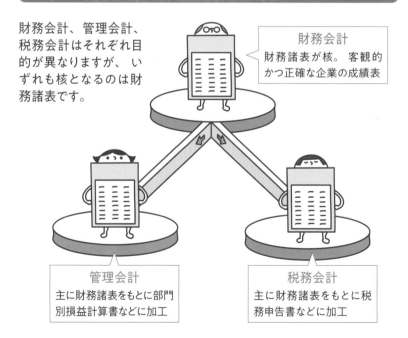

財務会計
財務諸表が核。客観的かつ正確な企業の成績表

管理会計
主に財務諸表をもとに部門別損益計算書などに加工

税務会計
主に財務諸表をもとに税務申告書などに加工

財務会計と税務会計では、一部の用語が異なります。たとえば、財務会計では売上などの「収益」から、**経費**などの「費用」を差し引いて「利益」を算出しますが、税務会計では売上などの「益金」から、経費などの「損金」を差し引いて「所得」を算出します。これは、**会社の経営者が経費を膨らますことで納税額を不当に少なく申告することがないよう、「損金」の範囲を「費用」より狭めているためです。**たとえば財務会計の場合は、交際費や寄付金などは「費用」に含まれますが、税務会計の場合はそれらの一部は「損金」に含まれないため、経費として認められません。

「費用」と「損金」の違い

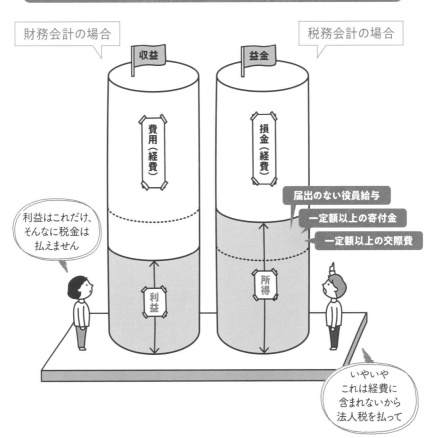

財務会計の場合

税務会計の場合

収益

益金

費用（経費）

損金（経費）

届出のない役員給与

一定額以上の寄付金

一定額以上の交際費

利益はこれだけ、そんなに税金は払えません

利益

所得

いやいやこれは経費に含まれないから法人税を払って

05 会計の基本ルール

会計は、「会社は永遠に継続するもの」という前提のうえで行われるものです。

会計には、**ゴーイング・コンサーン（GC）**という基本ルールがあります。これは「継続企業の前提」とも呼ばれます。たとえば、私たち人間には寿命があります。しかし、**会計においては、前提として企業には寿命がないと考えるのです**。もちろん、会社は倒産することもあれば、解散してしまうこともあります。しかし、会計において終わりを前提にしてしまうと、通常の企業会計そのものが成り立たなくなってしまうのです。

会社は永遠に生き続ける

仮に会社がなくなることを前提とした場合、その会社で継続して働こうと思う従業員はまずいないでしょう。さらに、取引を行おうとしたり、投資しようとしたりする人もいなくなることでしょう。そうなると、会計を行う意味もなくなってしまいます。会計は、実際にやり取りしたお金の計算ではなく、継続を前提とした仮定や予測、信用などに基づいて行われるもの。そのため、**会計のルールではあくまでも継続を前提として、原則として1年ごとに区切って会社の状態を"診断"するのです。**ちなみに、売上高の著しい減少や債務超過などでゴーイング・コンサーンに疑いが出た場合には、上場企業の経営者はその情報を開示する義務があります。

ゴーイング・コンサーンが疑われるケース

日本では2003年から、ゴーイング・コンサーンに関して経営者と監査人（公認会計士・監査法人）が検討を行うことが義務づけられています。経営者は事業活動の継続に疑いがある場合は財務諸表に注記しなければなりません。

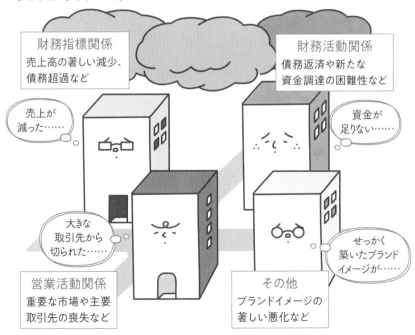

06 会計は簿記を勉強しなくても理解できる

「簿記」と「会計」というと似たようなイメージを抱くかもしれませんが、その目的は異なります。

会計や**簿記**の知識がない人には、その違いはわかりづらいかもしれません。しかし、その目的はまったく異なります。会計とは、会社がどのような状態にあるかの報告を目的としたものです。一方、簿記は文字通り、会社の収入と支出の帳簿への記録が目的です。つまり、**簿記とは財務諸表などの書類を作成するためのルールと技術のことであり、それを読み解くための技術ではないのです**。だから、簿記を知らないからといって、会計に苦手意識を持つ必要はまったくありません。

会計と簿記は目的が異なる

会計の目的は報告

簿記の目的は記録

決算書に記載された数字から会社の現状を読み取るだけであれば、必ずしも簿記の知識は必要ではありません。将来、経理部門で働きたいという人でない限りは、簿記の知識がなくとも決算書の内容を理解し、活用することは十分可能です。少し暴論かもしれませんが、細かすぎる性格の人だと、簿記の知識が生半可にあるばかりに細かいルールに囚われてしまい、決算書を読む際に必要な大局観が失われてしまう可能性もあります。ただし、**簿記の知識があると会社の費用や収益といったものに対する理解が深まる**ことは確かですし、それらは会計を学ぶうえで非常に役立つものなので、興味がある人は簿記も学んでおいたほうがよいでしょう。

簿記は会社の取引を仕分ける**ルール**

単純化すると、簿記とは会社の取引を「資産」「負債」「純資産」「収益」「費用」の5つのグループ（勘定科目）に仕分けるためのルールといえます。

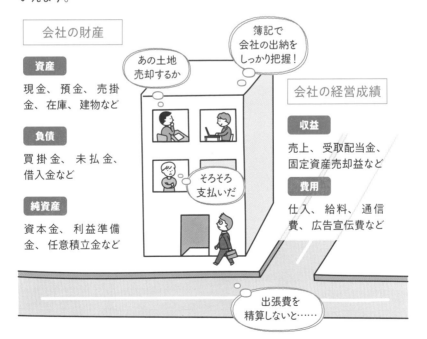

Column 01

会計が注目されるように
なった理由

　バブル経済が崩壊する以前は、土地の値段が下がるということがまず考えられませんでした。ですから、会社は土地を保有していれば、それを担保にお金を借りることができました。銀行からの借入れのためには、財務諸表がもちろん必要でしたが、市場からの資金調達の比重は比較的低かったのです。

　ところが、バブル経済が崩壊して銀行に頼ることができなくなり、会社は市場から広くお金を集める必要に迫られます。そこで、株・社債の発行に力を入れるようになりました。しかし、そのためには会社の価値を高める必要があります。

　つまり、株式時価総額を上げるために、会社は自社の株価に敏感になることが求められるようになったのです。そのためには、売上・利益だけをよくしても不十分です。現在どのような資産があり、それを効率的に利用しているのか、資金繰りは順調かなどを正確に把握し、外部に報告するためにしっかりとした会計の管理が必要になったのです。

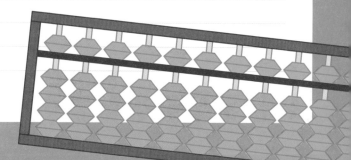

決算書を読むことは
難しくない

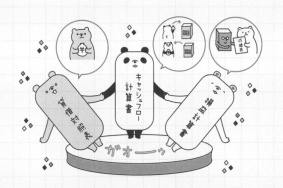

決算書と聞くと難しそうに思えるけれど
読み方を覚えてしまえば意外と簡単⁉
決算書の基本とポイントを解説します。

01 決算書ってなに？

会社の活動状況を表す決算書は、
1年間の企業活動の集大成といえます。

決算書は、**会社の成績表**といえます。学生時代、私たちが成績表を通して自分の評価や得意科目、苦手科目などを知ることができたように、企業は決算書という形で1年間の成績を公表するのです。決算書は、正式には財務諸表といいます。この財務諸表は貸借対照表、損益計算書、キャッシュフロー計算書などからなり、**上場企業は決算後にこの財務諸表を作成して、広く公表する義務があります。**

決算書とは財務諸表のこと

財務諸表（財務3表）

貸借対照表	損益計算書	キャッシュフロー計算書
会社の財政状態を表す	会社の経営成績を表す	会社の資金の状況を表す

ほかに会社の資本の変動を表す株主資本等変動計算書があります

損益が一番気になる

長い目で見たら貸借対照表も重要だ

そのため、上場企業のホームページには必ず「決算報告」や「IR（Investor Relationsの略。企業が株主などに経営状態を広報するための活動）情報」といったページが設けられており、その会社の決算状況がわかるようになっています。**基本的に上場企業の場合は、出資者（株主）と経営者は別々です**。そのため、株主は自分たちが出資した資金がどのように運用され、どのような結果を出したのかを知る必要があります。それを報告するためのものが決算書であり、決算書を読めばその会社の活動と成績がわかるのです。なお、1年の総括を本決算、その間の途中経過の報告を中間決算といいます。

上場企業の出資者と経営者は異なる

出資者（株主）
お金の出し手であり会社の所有者

このお金を増やしなさい

経営者
出資者より会社経営を任された人

倍以上にして還元します

業績が上がれば株価も上がって給料もアップ！

従業員（社員）
経営者によって雇われた事業従事者

決算書の役割とは？

決算書は単なる成績表ではありません。
決算書がないと、会社経営そのものが成り立ちません。

決算書は、単純に会社の業績のよし悪しを判断するだけのものではありません。決算書を読み解いていくと、その会社の問題点や改善点、優れている点などさまざまな経営実態が見えてきます。たとえば、年に1度の健康診断をイメージしてください。診断を通して、私たちは表面的にはわからない血液や内臓など体のさまざまな変化を知ることができます。会社の場合も同じです。**決算書を見ることで、表面を見るだけではわからない、その会社の実態が見えてくるのです。**

決算書は会社の健康診断票

決算書は、経営者や経営管理者が短期・中長期の目標を定めるために必要なほか、商品の原価の把握や販売価格の設定など、あらゆる業務の改善に役立ちます。また、上場企業は株式を発行することで広く投資家から資金を集めることができますが、**その投資家たちに「出資したい」と思わせるためには、決算書の情報は欠かせません**。さらに、多くの企業は銀行から資金調達を行いますが、銀行が融資を行うかどうかの判断材料としても、決算書はもっとも重視されます。決算書がなければこれらの判断ができず、会社の経営そのものが成り立たなくなるでしょう。このように、決算書は**会社経営の根幹**といっていいほどの重要な役割を担っているのです。

決算書は会社経営の根幹

決算書がないと、 会社経営に関連したあらゆる業務が立ち行かなくなってしまいます。

決算書って誰が
どんな目的で見るの？

決算書は、経営者や出資者だけが見るものではなく、
会社に関連したあらゆる人にとって有用なものです。

決算書を見るのは経営者や投資家、銀行だけではありません。会社という組織は、そのような人たちのほかにも取引先や消費者、従業員とその家族など、あらゆる人たちとのかかわりの中で成り立っています。そのため**決算書の見方も、それぞれの人たちの立場から変わってきます**。たとえば取引先の人たちは、その会社と安心して取引ができるかを、決算書を見て判断することができます。会社同士の取引の場合、商品と代金をその場で交換することはほとんどありません。そのため、売掛金（後日支払われる代金）が滞ることがないか確認しておくことは非常に大切です。

決算書は会社にかかわるすべての人が見る

消費者にとっても、決算書は無関係ではありません。ある消費者が、生活に不可欠と考えている商品があったとしましょう。そして、その商品を供給しているのが特定の1社だったとしたら、その消費者にとって、その会社の存続は非常に重要な意味を持ちます。さらには従業員とその家族にとって、決算書に記載された会社の業績が極めて重要であることはいうまでもありません。また、**決算書を見て仕事の改善点を見出し、業績アップに取り組むことは、経営者ばかりでなく、個々の従業員にとっても大切です**。決算書と聞くと、出資者や経営者などが見る特別なものというイメージがあるかもしれません。しかし実際には、その会社と関係のある、あらゆる人たちに役立つものなのです。

04 株主は決算書のどこに注目しているのか？

株主にとって、決算書は株を売買する際の判断材料になります。
いったい決算書のどこに注目しているのでしょうか？

会社関係者の中で、とくに株主は決算書を読んで会社の状況を知りたいと思っています。その目的はズバリ！　株を安く買って高く売り、お金を儲けるため。**決算書を読んで実質的な会社の価値がわかるようになれば、今の株価が割高か割安なのかを判断でき、買い時と売り時のタイミングが見極めやすくなるからです。**株式投資にリスクはつきもの。だからこそ会社の決算書を読み、リスクを少しでも減少させることが大切なのです。

株主が決算書を読むべき理由

フフッ
本当は1株1000円の
価値しかないよ

僕の会社を信じて！

A社

B社

今すぐ売って
5000円－3000円
＝2000円の利益を
得よう

ついA社の株を
買っちゃったけど
お金が儲かるのか
わからないや

決算書が読めない株主

B社は利益を出して
いて実際は株も5000円
の価値がありそうだ

決算書が読める株主

ある会社に出資している株主であれば、今後も投資を継続して問題はないのかと、気になりますよね？　会社が業績不振だった場合、株主には配当金が還元されません。最悪の場合、会社が倒産すれば購入した株式が無価値になり損害を受ける場合もあるのです。そのため株主は、決算書の貸借対照表で**自己資本比率**に注目します。貸借対照表についてはP.70からくわしく解説しますが、**自己資本比率とは返済不要の自己資本が会社全体でどのくらいあるのかを示す数値です。**つまり、自己資本比率が高いほど倒産しにくい会社といえます。一般的に自己資本比率が30％以上なら倒産しにくい会社といわれています。株主はここに注目しているのです。

株主にとって重要な自己資本比率

●自己資本比率の求め方

$$自己資本比率 = \frac{自己資本}{総資産} \times 100$$

←すべての資産の中で、返さなくていい資金がどのくらいあるのかを見るのが自己資本比率です。

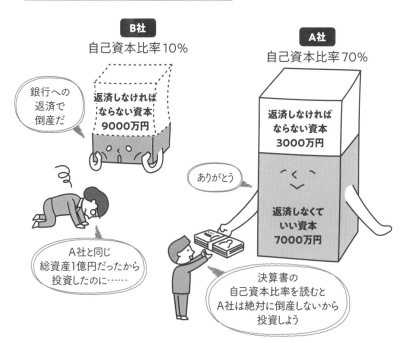

B社
自己資本比率10％

銀行への返済で倒産だ

返済しなければならない資本 9000万円

A社と同じ総資産1億円だったから投資したのに……

ありがとう

A社
自己資本比率70％

返済しなければならない資本 3000万円

返済しなくていい資本 7000万円

決算書の自己資本比率を読むとA社は絶対に倒産しないから投資しよう

05 決算書で なにがわかるの？

決算書を読むために、財務3表と呼ばれるP/L、B/S、C/Sがどのようなものかを知っておきましょう。

決算書が、主に①損益計算書、②貸借対照表、③キャッシュフロー計算書の3つ（財務3表）からなることは、先のページで説明しました。これらは、それぞれ①**P/L**（Profit and Loss Statement）、②**B/S**（Balance Sheet）、③**C/S**（Cash Flow Statement）とも呼ばれます。では、それぞれのどこに注目すれば、決算書をより効果的に読むことができるようになるのでしょうか？　そのためには、**財務3表の"性格"をざっくりと理解しておきましょう。**

P/L、B/S、C/Sとは

決算書には、ほかにも多くの資料がありますが、以下の財務3表がもっとも大事なものです。

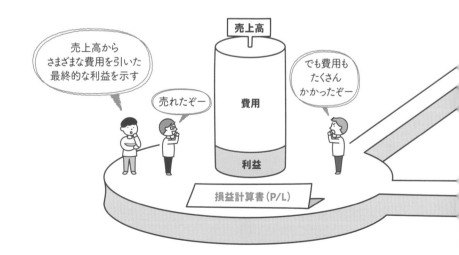

売上高からさまざまな費用を引いた最終的な利益を示す

売れたぞー

でも費用もたくさんかかったぞー

売上高

費用

利益

損益計算書（P/L）

損益計算書（P/L）は、収益から費用を差し引いたもので、P/Lを見れば、その企業が年間でどのくらい利益を上げたのかがひと目でわかります。一番下の「当期利益（純利益）」が、企業の最終的な利益です。一方、貸借対照表（B/S）は、会社のプラスの財産（資産）とマイナスの財産（負債）のバランスを表すもので、**B/Sを見ればその会社の財政状態が明らかになります**。そしてキャッシュフロー計算書（C/S）は「キャッシュ（お金）」「フロー（流れ）」という言葉通り、お金の流れを読むためのもので一定期間のお金の出入り、すなわち収入と支出を表すものです。

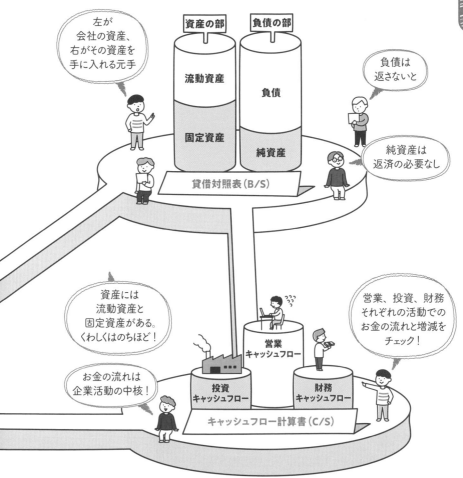

06 財務諸表ってなに？

「財務諸表」という言葉は聞いたことがあっても、具体的に説明できない人も多いのではないでしょうか。財務諸表とはなにかを解説します。

P.16で解説した通り、会計の役割は収益と支出をデータ化し、会社の状況を株主や取引先に説明するためのものです。会計には財務諸表という書類があり、会社がどのようにお金を集めて、どのように使い、どれだけ効率的に利益を生んだかという情報を記録します。**財務諸表に記録された情報を株主や取引先に公開することをディスクロージャーといい、これによって会社は投資家の信頼を得ることができるのです。**

ディスクロージャーで会社の魅力を表す

では、財務諸表に記録されている会社のお金の情報は、具体的にどのような内容なのでしょう。たとえば、銀行からお金を借りたり、社員が使うパソコンや営業車を買ったり、仕入れた商品をクライアントに販売したり、給料を支払ったりなどたくさんあります。これら会社の経済活動のすべてを記録して、数字として表したものが財務諸表です。株主や債権者は財務諸表を読むことで、その会社がこれまでどのような経済活動をしてきたのかが見えてきます。なぜなら、**会社の経営活動と財務諸表の記録はイコールだからです**。すなわち財務諸表には、その会社を知るうえで貴重な情報が宝の山のように記されているのです。

財務諸表と会社の経営活動はイコール

財務諸表には会社を運営するうえで、必要な費用や収益などがすべて記録されています。

財務諸表

コピー用紙代

照明代

電気代

出張代

仕入れ代

給料

給料が上がったぞ！

仕入れた荷物を持ってきました

1万個お買い上げですね。ありがとうございます！

出張に行って商談を成立させてきます！

07 複式簿記ってなに？

財務諸表を読むのに簿記の技術は必要ありませんが、財務諸表をつくるうえでは必須の技術です。

簿記とは、企業の取引活動や財産、損益の状態を明らかにして財務諸表を作成する技術であり、会計学の基礎となる技術といえます。簿記には**単式簿記**と**複式簿記**の２種類があり、**通常、家計簿では収入と支出などお金の動きだけを記入し、その結果である残高を表した単式簿記が用いられます**。しかし、この方法だと元手となったお金がもともとあった財産なのか、あるいは借金なのかはわかりません。

単式簿記のしくみ

単式簿記では収入と支出、その結果の残金しか記録できず、企業活動における複雑なお金の流れを把握できません。

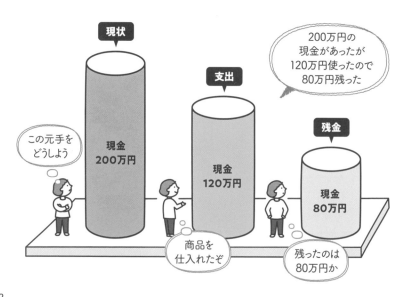

そのため企業会計においては、収入と支出のほか、その原因に関する２つの側面を記録する複式簿記が用いられます。たとえば、200万円のお金を持っていて、120万円で商品を仕入れたとします。その場合、複式簿記では、「商品の仕入れ代として120万円を使用したためお金が120万円減った」という、**原因と結果の２つの側面からお金の流れを記録します**。そうすることで、もともとあった200万円のお金をどのようにして得たのか、そして120万円の支出となった原因と、それらの現金の流れによって財産や損益がどうなったかを表すことができるのです。

複式簿記のしくみ

複式簿記は単なるお金の動きだけでなく、 お金がどのようにして得られ、 なんのために支出されたかがわかるため、 財産の状況も把握できます。

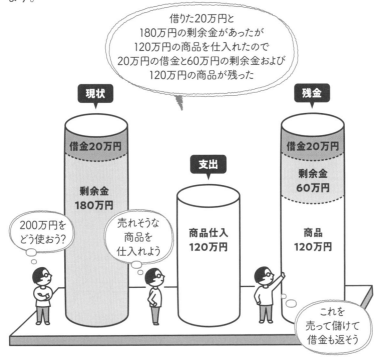

借りた20万円と
180万円の剰余金があったが
120万円の商品を仕入れたので
20万円の借金と60万円の剰余金および
120万円の商品が残った

現状

残金

借金20万円

剰余金
180万円

支出

借金20万円

剰余金
60万円

200万円を
どう使おう？

売れそうな
商品を
仕入れよう

商品仕入
120万円

商品
120万円

これを
売って儲けて
借金も返そう

08 会社の見方が変わる 複式簿記

複式簿記は、5つの勘定科目に分類することで借方と貸方に仕訳し、B/SとP/Lを導き出します。

複式簿記では、それぞれの取引を「資産」「負債」「純資産」「収益」「費用」の5つの勘定科目に分類して帳簿に記入していきます。その際、**資産の増加と費用の発生を記入する左側を借方といい、負債や純資産の増加および収益の発生を記入する右側を貸方といいます。**この**仕訳**において、左側の借方と右側の貸方の金額は必ず同額になります。ただし、以下のイラストに示した通り、左右（借方と貸方）に記載する勘定科目の数は同じになるとは限りません。

借方と貸方の金額は一致する

仕訳において、借方と貸方の合計金額は必ず一致しますが、勘定科目は異なってもかまいません。

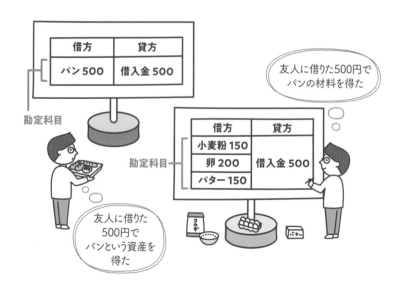

複式簿記では、会社のお金の動きがわかります。会社では、外部から
お金を借りる「負債」、株主の出資金やこれまでの利益の蓄積の「純
資産」、そして会社そのものが出した稼ぎの「収益」から資金を調達
します。これらが右側(貸方)に記入されます。そして「負債」「純資産」
「収益」によって集められたお金が、すでに外部に支払われた「費用」
とまだ会社の内部に残っている「資産」として、試算表の左側に記入
されます。すると、以下のイラストの通り「貸借対照表（B/S）」と「損
益計算書（P/L）」の2つが導き出されます。また、この試算表は必ず
左側（借方）と右側（貸方）が同額になるため、**資産の移動や損益の
状態が正確にわかるばかりでなく、記入の誤りも同時に確認できるのです。**

複式簿記はB/SとP/Lを導き出す

資産の増加や費用の発生を計上する左側が「借方」で、負債や純資
産の増加、収益の発生を計上する右側が「貸方」です。これを上下
に分割するとB/SとP/Lが導き出されます。

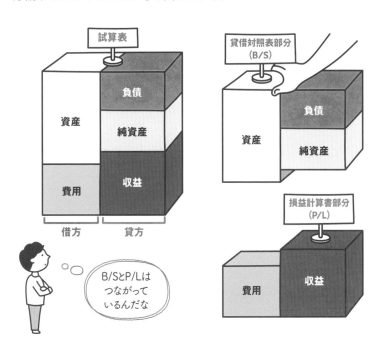

株主が得られる
キャピタルゲインとは？

　株式会社の場合、資金調達の手段として「株」を発行します。かつては「株券」に値段が書いてある額面株でしたが、現在は無額面株しか発行できません。「株」を買うと株主として、一部を除いて議決権の行使ができます。さらに、その数量に応じて配当金が出されたときに受け取る権利を持ちます。これが株主にとっては利益のひとつなのですが、日本の企業は配当をあまり多く出さないといわれています。

　さらに、株主は「株」を売買することで差益を得ることができます。これがキャピタルゲインです。ちなみに、差損はキャピタルロスともいいます。上場企業における「株」の売買は基本的に証券取引所で行われ、携わるのは証券会社です。株主は売買を証券会社に委託し、証券取引所で取引が成立すれば、売買が確定します。会社が評価されて株価が上がり続けていれば、株主はキャピタルゲインを得られますが、株価が下落すると損害を被ります。

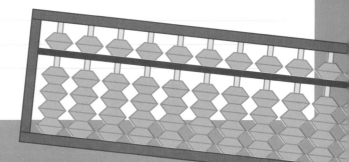

損益計算書（P/L）を
くわしく教えて！

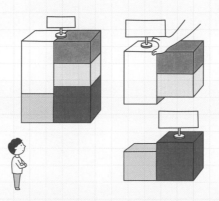

損益計算書でわかるのはズバリ、
会社の「売上」「利益」「費用」です。
損益計算書に表れる
5つの利益について学びましょう。

01 損益計算書に表れる 5つの利益

損益計算書には5つの利益があって、
それぞれを正しく読み解く必要があります。

財務3表のうち損益計算書には、大きく分けて**5つの利益**が記録されています。1つ目は会社の商品を売って得た収入から、製造や仕入れなどにかかったお金を引いた売上総利益。一般的に粗利ともいわれています。2つ目は営業利益。これは売上総利益から、商品を売るためにかかった広告費や本部などの費用を引いたものです。3つ目は営業利益から会社の業務以外の収支を加えた経常利益というもの。たとえば、企業は一般的に他社からの配当などの利益がある一方で、金利などを支払わねばなりません。こうした会社の本業以外での収支を営業外収支といいます。

損益計算書のしくみ

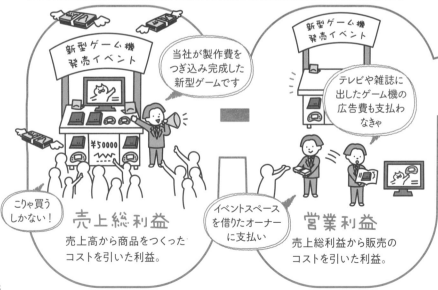

新型ゲーム機発売イベント

当社が製作費をつぎ込み完成した新型ゲームです

新型ゲーム機発売イベント

テレビや雑誌に出したゲーム機の広告費も支払わなきゃ

こりゃ買うしかない！

売上総利益
売上高から商品をつくったコストを引いた利益。

イベントスペースを借りたオーナーに支払い

営業利益
売上総利益から販売のコストを引いた利益。

さらに、その期中に限って発生した特別な利益・損失を差し引くと、4つ目となる税引前当期純利益になります。特別な損益とは、土地を売って得た利益や災害で失ったお金などです。そして、税引前当期純利益から法人税や住民税などの税金を引くことで、5つ目の最終的な儲けである当期純利益が出てきます。このように、会社の根幹をなす商品の売上からさまざまな費用や利益を加えて、最終的に会社がどのくらい儲けたのかを示したものが損益計算書です。では、なぜこのように利益を5つに分けて表すのでしょうか？　その理由は、**最終的な儲けがわかるだけでは利益を得ることができた理由や、損をしてしまった理由を把握することができないからです**。つまり、商品の売上から利益になるまでを細かく記録した損益計算書を読むことで、会社はより有効な経営戦略を立てられるのです。

02 損益計算書は会社のムダ遣い発見器

損益計算書は売上から利益までのプロセスなので、
使っているお金のムダを発見することができます。

実際の損益計算書には、たくさんの項目や数字が書き込まれています。そのため数字が苦手な人にとっては難しく見えるかもしれませんが、基本的には**足し算**と**引き算**のみで計算されています。簡単にいうと、**会社に入ってくるお金を足して、出ていくお金を引いているだけなので、苦手意識さえ克服すれば大変わかりやすい構造になっている**といえるでしょう。

ネックになっている費用を見つける

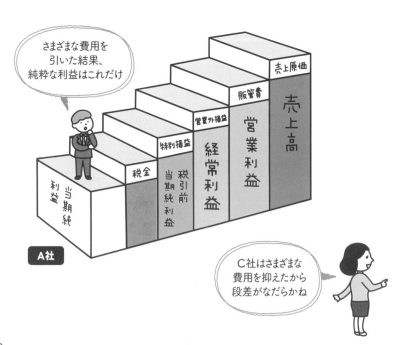

さまざまな費用を
引いた結果、
純粋な利益はこれだけ

C社はさまざまな
費用を抑えたから
段差がなだらかね

A社

P.49でも解説しましたが、損益計算書の最後に計算される「当期純利益」は会社のその期間における純粋な利益を示しています。会社は当期純利益を増やすために事業を行っているので、その足を引っ張る費用はできる限り減らしたいのが正直なところです。たとえば、商品を一般に広く売り込むための広告費は、売上への効果が低ければ削減する必要があります。**損益計算書を読むと、商品の売上から利益までの足あとが記録されているため、なにがネックになって利益を圧迫しているのかが一目瞭然です。**そのため、おのずと改善するべきポイントを発見できるのです。

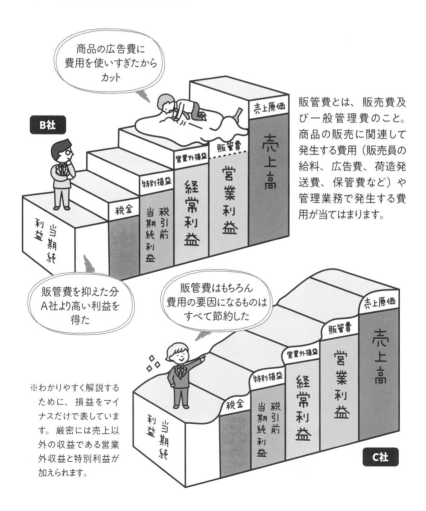

商品の広告費に費用を使いすぎたからカット

B社

販管費を抑えた分A社より高い利益を得た

販管費はもちろん費用の要因になるものはすべて節約した

販管費とは、販売費及び一般管理費のこと。商品の販売に関連して発生する費用（販売員の給料、広告費、荷造発送費、保管費など）や管理業務で発生する費用が当てはまります。

※わかりやすく解説するために、損益をマイナスだけで表しています。厳密には売上以外の収益である営業外収益と特別利益が加えられます。

C社

03 売上総利益とは？

売上総利益は会社にとって根幹をなす利益です。
算出方法は「売上高－売上原価」で求められます。

会社の商品を売って得たお金を売上高といい、その商品をつくったり仕入れたりするのにかかったお金を**売上原価**といいます。そして、売上高から売上原価を引いたものが**売上総利益**で、またの名を粗利益といいます。**この売上総利益が十分でないと、社員の給料やオフィスの賃貸料が払えなくなり、会社は倒産の危機に瀕します。**つまり、売上総利益は会社のもっとも基本的な利益であり、会社の原動力であるといえるのです。

売上総利益の算出方法

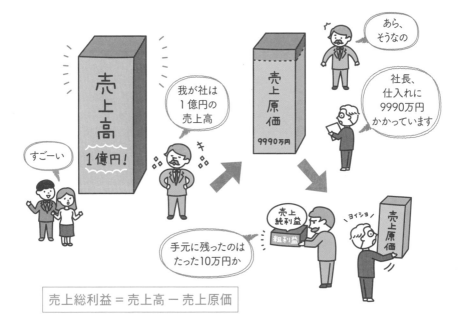

売上高
1億円！

すごーい

我が社は
1億円の
売上高

売上
原価

9990万円

あら、
そうなの

社長、
仕入れに
9990万円
かかっています

売上
純利益
粗利益

ヨイショ

売上
原価

手元に残ったのは
たった10万円か

売上総利益 ＝ 売上高 － 売上原価

売上原価の算出方法ですが、会計学では1年間を通した額で考えます。わかりやすく製麺所でたとえてみましょう。1年のはじまり（期首）に製麺所の倉庫には、1万円分の原材料となる小麦粉が残っていました。これを棚卸資産といいます。そして、期中に8万円分の小麦粉を仕入れたとします。1年の終わり（期末）には、棚卸資産として2万円分の小麦粉が残ってしまいました。売上原価は"売れた商品にかかった費用"なので、残った棚卸資産の2万円は商品になっていないため除外します。つまり、この製麺所の売上原価は1万円＋8万円－2万円＝7万円となります。このことから、棚卸作業は**会社の売上原価を確定させるためにとても大切なことだとわかります。**

売上原価の求め方

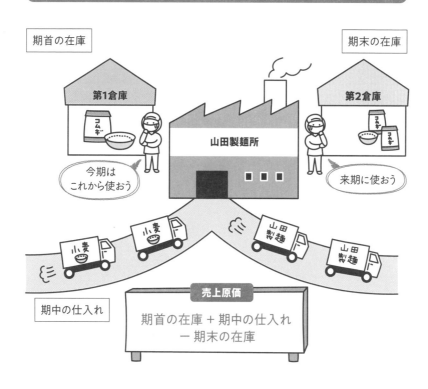

期首の在庫

第1倉庫

山田製麺所

今期はこれから使おう

期末の在庫

第2倉庫

来期に使おう

小麦　小麦

山田製麺　山田製麺

期中の仕入れ

売上原価

期首の在庫 ＋ 期中の仕入れ
－ 期末の在庫

04 本業からの儲けがわかる 営業利益

営業利益・販管費は本業の状況を如実に表すため、
会社の将来性が明確にわかる重要な数値なのです。

売上総利益（粗利益）から、販売費と一般管理費（合わせて**販管費**といいます）を引いたものが**営業利益**です。これは、会社が本業でどれだけ儲けたのかを表しています。売上原価は、製品・商品を完成品（ユーザーに手渡せる状態）にするための直接的な費用のことですが、**販管費は主にそれを売るために必要な費用や経費を指します。**一番わかりやすい販管費としては、テレビCMやネット広告などの「広告宣伝費」が挙げられます。

営業利益の算出方法

ただ商品をつくるだけ、または商品を仕入れるだけでは、会社は利益を出すことができません。広告を打ち出したり、営業部員が販促したりする必要があるわけです。そのためには、電話代、郵送代、インターネットなどの通信費、オフィスを借りている場合は賃貸料、新商品の開発や商品のリニューアルにかかる研究開発費など、さまざまな費用がかかります。これらすべてが販管費です。また、**この販管費は「経費」ともいわれ、会社の業績が悪いときに真っ先に見直される費用でもあります。** とくに社員の給料、すなわち人件費は販管費の中でも大きなウェイトを占めるため、業績の悪い会社はその費用を抑えるためにリストラを行います。

主要な販管費

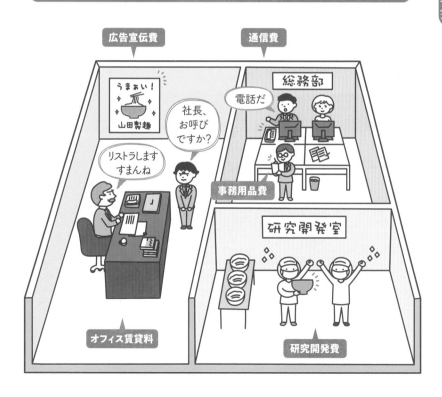

05 普段の経営による儲けがわかる経常利益

会社の通常の事業活動で得られる経常利益は、
売上高・当期純利益と並ぶ経営指標だといえます。

会社の売上・利益の多くは本業で出すものですが、必ずしもそればかりで成り立っているわけではありません。営業利益は本業に特化した利益なのですが、これに本業以外の収益と費用を加味したものが**経常利益**となります。**本業以外といっても一時的に発生するようなものではなく、日常的な項目に限られます**。たとえば、経常利益として挙げられるものに株や債券があります。株や債券は配当金や利払いが受けられるため、本業以外の収益となるわけです。これを**営業外収益**といいます。ただ、収益は常にプラスというわけではなく、マイナスになることもあります。その場合は、営業外費用といいます。

経常利益の算出方法

会社は
本業以外にも
収入と支出が
あるのだ〜

営業利益

経常利益

営業外収益

営業外費用

ニコロン

経常利益 ＝ 営業利益 ＋ 営業外収益 － 営業外費用

本業以外の収益・費用は意外と多く存在しています。営業外収益の代表的なものは、受取利息でしょう。銀行に預けているお金に対してはもちろん、銀行以外での貸付金などがあればその利息も含まれます。逆に、**借入金があれば営業外費用として借入利息を計上しなければなりません**。ほかには、空いている土地やフロアを貸した場合に入る賃貸料、有価証券は配当金だけでなく売却益も対象になります。本業以外の事業（営業活動を行わないような小規模な事業で、将来にわたっても拡大することがないようなものを指します）で得た売上は雑収入、それに伴う費用は雑損失といった項目になります。そのほかの細かな営業外収益・費用もこの項目で処理することが多いでしょう。当然ですが、金融業・不動産業のように、利息や賃貸料といったものが本業である場合は、営業利益の段階で処理をします。

営業外収益はいろいろある

しっかり
報告書に
記載するよー

賃貸料です

配当金です

利息です

○×銀行

○×証券

貸ビル

06 臨時の利益と損失を差し引いた税引前当期純利益

イレギュラーに発生した利益や費用は、
特別なものとして経常利益から加減します。

会社が通常の事業活動において出した結果は、すべてが経常利益に表れてきます。つまり、この数値が経営指標として重視されているのです。しかし、これだけで会社の利益を確定させることはできません。なぜなら、事業活動においては財務上のイレギュラーな出来事が起きないとは限らないからです。そこで、これらを**特別利益・特別損失**として計上し、**税引前当期純利益**を計算します。ひと口にイレギュラーな出来事といってもさまざまなものがありますが、**基本的にはその年にたまたま発生したものに限られ、営業外収益、営業外費用とは異なります。**

財務状況は一定とは限らない

税引前当期純利益 ＝ 経常利益 ＋ 特別利益 ― 特別損失

経常利益に特別利益を足し、そこから特別損失を引くことで算出される「税引前当期純利益」。特別利益・特別損失は一時的な要因で発生したものに限られますが、主に3つの要因が挙げられます。①収益悪化、②資産価値の上昇（もしくは下落）、③災害です。収益の悪化は、事業所の閉鎖やリストラを招くことになり、それに伴う費用が対象になります。資産の上昇（もしくは下落）の場合は、資産を売却したときの利益や、評価をし直して帳簿価格を変更したときです。ただし、金額が大きくない場合は営業外収益・費用として処理することもあります。災害は地震・台風・洪水などといった天災のほか、システムエラーや製品リコールといった人災も含まれます。**被害に遭った場合はその復旧費用が、加害者である場合は損害賠償などの対策費用が計上されることになります。** もちろん、なにも起こらなければ計上することはありません。

特別利益・特別損失は主に3つ

特別損失
災害

特別損失
収益悪化

退職金やるからリストラさせて

わかりました

地震だ

工場が〜

特別利益
資産の売却

その土地、売ります

承りました

07 当期純利益ってなに？

社会的コストである法人税等を支払って、最終的に確定した会社の利益が当期純利益です。

当期純利益は税引前当期純利益から法人税などの税金を引いたもので、その期における会社の最終的な利益を指しています。営利法人であれば、この利益をいかに多く残すかということを目的のひとつとして活動しているといっても過言ではないでしょう。とはいえ、最終的な成果である当期純利益が黒字であればOKというわけではありません。**たとえ本業の業績が悪くても土地などの資産を売り払ってしまえば、当期純利益を黒字にすることは可能だからです。**

当期純利益は黒字にできる

土地を売ってなんとか黒字だ

あの土地、買ってください

わかりました

当期純利益

山田製麺

法人税

税務署

経常利益が赤字で倒産寸前だ〜

あの会社、危ないぞ

当期純利益 ＝ 税引前当期純利益 ー 法人税などの税金

当期純利益を出すためには法人税などの税金を差し引くのですが、印紙税や消費税、地方公共団体や同業者組合の会費などの**租税公課**と呼ばれる税金・課金は、販管費として計上します。租税公課はほかにも、不動産取得税、固定資産税、自動車税などがあります。所得税や住民税、交通違反の罰金などは販管費として計上することはできません。**当期純利益を確定するために支払う税金は、法人税や法人住民税といった法人にかかわる税のみが対象です。**ちなみに、法人税の税率は一定ではなく、政府の政策によってたびたび変動します。法人税の税率が上がると当期純利益が減ってしまうので、経営者はその動向に神経をとがらせているのです。

租税公課とは？

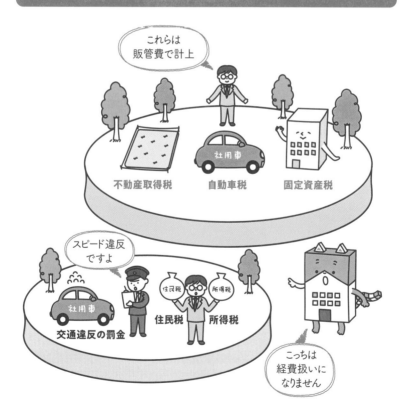

08 損益計算書をスポーツの試合にたとえてみよう！

損益計算書の構造はシンプルなので、
スポーツの試合にたとえると理解がしやすくなります。

損益計算書は単純に加減の計算式で成り立っているため、財務諸表の中では比較的わかりやすいものだとされています。しかし、さらに簡単な**損益計算書の解読法**として、スポーツの試合にたとえると容易に理解できるようになります。たとえば、5つの利益を5セットの試合になぞらえて、それぞれ「プラス要素を攻撃・マイナス要素を守備」と考えれば、最後に「勝ち（黒字）・負け（赤字）」の結果が出てきます。**いわば、テニスや野球の試合でよく見かけるスコアボードのイメージといったところです。**財務諸表が苦手な人でも、これなら抵抗なく見られるのではないでしょうか。

黒字・赤字を「勝ち」「負け」でイメージ

いくらポイント（売上）を取っていても、それ以上にポイント（費用）を取られていれば負けてしまいます。

財務諸表は、対立する項目ごとの黒字と赤字のポイントの取り合いと考えればイメージしやすくなります。

実際にテニスの5セットマッチで損益計算書を見た場合、第1セットは売上高が攻撃、売上原価が守備となり、売上総利益が結果です。第2セットは営業利益を見るので、第1セットの結果である売上総利益が攻撃となり、販管費が守備、そして結果は営業利益です。第3セットは営業外収益が攻撃、営業外費用が守備となり、経常利益が結果となります。ここが中盤の山場といえるでしょう。後半に入って、第4セットの攻撃は特別利益、守備は特別損失で、結果は税引前当期純利益です。そして最終セットは、第4セットの結果である税引前当期純利益が攻撃で、法人税等の税金が守備となり、当期純利益という最終結果が出るのです。これがマイナスだったら、ゲームは敗北です。もっとも、**実際のスポーツとは状況が異なり、事業の世界ではスポーツのように各回で独立して戦っているわけではないので、損益計算書を理解する見方のひとつとして参考にしてみてください。**

損益計算書の「攻撃」と「守備」

損益計算書	（千）円		
売上高	1000	攻	第1セット
売上原価	600	守	
売上総利益	400	攻	第2セット
販売費及び一般管理費	200	守	
営業利益	200		
営業外収益	10	攻	第3セット
営業外費用	60	守	
経常利益	150		
特別利益	0	攻	第4セット
特別損失	50	守	
税引前当期純利益	100	攻	第5セット
法人税等の税金	40	守	
当期純利益	60		

第1セットの結果 — 売上総利益
第2セットの結果 — 営業利益
第3セットの結果 — 経常利益
第4セットの結果 — 税引前当期純利益
勝敗 — 当期純利益

損益計算書をスコアボードにたとえると、「攻撃」と「守備」のバランスが見えてきます。

ゲームセット
60ポイントの
黒字で勝利！

09 損益計算書は 比較してこそ意味を持つ

1期分の損益計算書だけを見るのではなく、
過去のものなどと比較して事業の状況を確認します。

損益計算書は、その期1年間の内容しか表していません。そのため、**過去の損益計算書**と照らし合わせることが大切です。その際ポイントになるのが5つの利益です。まず、売上総利益の推移は事業規模が順調に拡大しているかという指標になります。営業利益の推移では本業の状態が確認できます。経常利益は本業以外も含めて、会社が利益をしっかりと得られているかがわかります。税引前当期純利益では特別な要因で発生したイレギュラーな収支が、さらに**当期純利益の推移で年単位の会社の利益が確認できます**。そして、それぞれの変化から事業の状況を推測し、改善などに役立てます。

過去と比較して業績の流れをつかむ

また、損益計算書は、競合他社のものと比較することで適正な売上・利益などが得られているかを検討し、問題点を探ることができます。その際、一番わかりやすいのが、「売上高」に対する「利益」の割合を示す営業利益率です。たとえば売上高トップのＡ社と２位のＢ社があったとします。しかし、Ａ社の利益率が20％なのに対して、Ｂ社の利益率が40％だとしたら、Ａ社はたとえ業界トップだとしても、コストをかけすぎているため健全性の点では問題があることになります。**こうして同業他社の５つの利益を比較していくことによって、どこに余計なコストをかけているのかを見極めることができるのです。**ただし、業種によって環境や条件、かかるコストなどは異なるため、他業種との比較はあまり意味がないといえるでしょう。

他社との比較も重要

企業規模はほぼ同じで売上高はうちのほうが高いのに当期純利益はあの会社と大して変わらないぞ

規模は違うけど営業利益率はうちのほうが高い

コストカットで追いつけ追い越せ

●営業利益率
営業利益率は営業利益を売上高で割ったもの。営業利益率＝営業利益／売上高×100という式で導き出します。本業で効率よく儲けているかどうかを判断する指標で、業種によって異なりますが、おおむね5〜10％程度あればよいとされています。

10 実はこんなにかかっている会社の費用

売上には必ず経費・費用が発生しており、
それを把握して対策を立てなければならないのです。

バブル経済崩壊以前の、すべてが右肩上がりで考えられる時代であれば、売上さえ確保すれば自然と利益も出ていました。しかし、不況期に入って以降は、そう簡単に売上は上昇しません。**なかなか高くならない売上高を補うためには、経費・費用のチェックを行うしかありません。**損益計算書の「守備」部分は出ていく費用ですから、そこに着目して利益を確保することが大切なのです。

現在は費用を抑えなければ利益が出ない

売上原価は製品をつくる、あるいは商品を仕入れることで発生しますから、製造・仕入れコストを見直す際のポイントになります。また販管費は営業にかかわる比較的大きなコストです。これらを直接費と、そうではない間接費に分ければよりわかりやすくなります。加えて、地代・家賃などといった売上の多寡にかかわらず**一定の費用が発生する固定費と、水道光熱費のように毎月変化するような変動費も分類すれば、対策が立てやすくなるでしょう。**経費・費用は事業活動に必ずついてくるものです。大きく膨らむと、その分だけ利益が圧迫されることになりますから、常に気をつけておかねばならないのです。

直接費と間接費、固定費と変動費

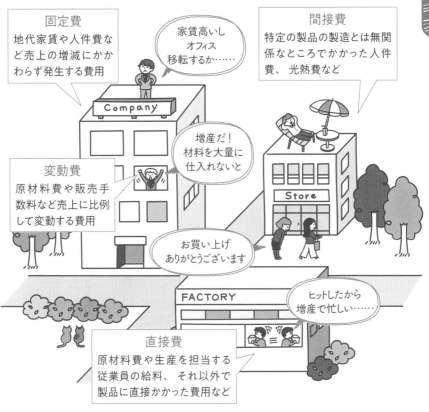

固定費
地代家賃や人件費など売上の増減にかかわらず発生する費用

家賃高いし
オフィス
移転するか……

間接費
特定の製品の製造とは無関係なところでかかった人件費、光熱費など

Company

増産だ！
材料を大量に
仕入れないと

変動費
原材料費や販売手数料など売上に比例して変動する費用

Store

お買い上げ
ありがとうございます

FACTORY

ヒットしたから
増産で忙しい……

直接費
原材料費や生産を担当する従業員の給料、それ以外で製品に直接かかった費用など

Column
03

会計監査って
なにをするの？

　会社の役員の中に、「監査役」と呼ばれる役職があります。また、会社の部署として「監査室」を持っているところもあります。これらは、基本的に業務監査をしていることがほとんどです。とくに、「監査役」は取締役の業務監査を行うのが仕事。まれに、会計監査を業務としている場合はありますが、社内の人間が監査をしても実効性が薄いとされています。

　バブル経済崩壊以前の資金調達は間接金融が主体でしたが、現在では投資をはじめ、広く世間から資金を集めています。このとき、投資家は投資判断をするために正確な財務諸表を必要とします。そこで、会計監査を専門に行う「監査法人」の「公認会計士」（国家資格）が、会社の財務諸表を細かく確認することになっているのです。彼らは外部の人間ですから、客観的に会社の財務諸表をチェックします。しかし、今の制度では十分に調べられず、問題のある財務諸表を見抜けなかったという事件も起きています。

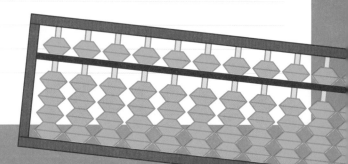

貸借対照表（B/S）を
くわしく教えて！

「資産」「負債」「純資産」を記録する
貸借対照表は、損益計算書ではわからない
"会社の健康状態"を表しています。

01 貸借対照表 3つの基本要素

会社のお金の使い方・集め方を表した貸借対照表は、
3つのブロックに分かれています。

貸借対照表は、会社の財産の状況とその出どころを表すものです。**表は中央で大きく左右に分けられており、さらに右側は上下に区切られています。**この3つのブロックが貸借対照表の基本構造です。表の向かって左側を「**資産**の部」といい、会社の財産の状況を示しています。一方の右側には、その財産の出どころが示されており、上部のブロックは返済義務のあるお金を記した「**負債**の部」、下部のブロックは返済義務のないお金を記した「**純資産**の部」といいます。

貸借対照表の基本構造

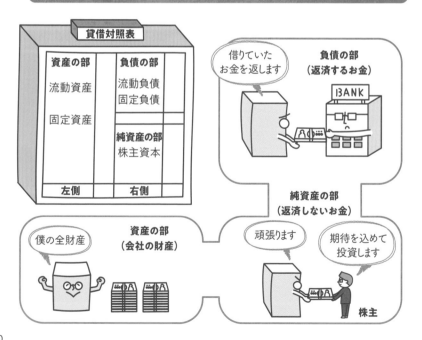

02 資産の部の中身とは？

貸借対照表の左半分は「資産の部」と呼ばれ、
会社が所有している財産のすべてを記載しています。

「資産の部」の会社の財産には、お金以外にもさまざまなものが含まれています。有価証券をはじめ、自社ビルやパソコンなど、会社が利益を得るために利用できるすべてのものが財産です。ポイントは、資産の部の財産も**流動資産**と**固定資産**に分けられていること。**流動資産とは主に1年以内に現金化できるもののことで、1年を超えて使うものは固定資産といわれます**。たとえば、会社が在庫として保有する商品は、すぐにでも販売すれば現金が手に入ります。つまり流動資産です。一方で、自社ビルや機械装置などは、一般的に購入してすぐに売却することはないので固定資産に分類されます。

04 貸借対照表（B／S）をくわしく教えて！

財産は流動資産と固定資産に仕分け

出版社だから
自社の本も
流動資産

（資産の部）
流動資産

固定資産

one point

資産の部では上のほうに流動資産、下のほうに固定資産を書くのがルール。現金化しやすく、流動性のある順に上から並んでいるのです。

流動資産

通帳　普通預金
見るだけノート　商品
手形　受取手形

固定資産

建物
パソコン
事務机・イス
著作権　著作権

03 負債の部の中身とは？

「負債」は将来的に財産が減少する負の財産で、
借金などの支払い義務がある債務を指します。

貸借対照表の向かって右側には、資産の部に記載した会社の財産を
どうやって入手したのかが項目ごとに列挙してあります。この中
で、「負債の部」に記載された財産は**返済義務**のあるものだけです。
つまり、**他人から借りた財産のことで、他人資本や外部資本ともいわれて
います**。また、資産の部と同じく負債の部の中身も「流動」と「固定」
に分けられており、その違いは1年以内に返済するものとそうでは
ないものです。くわしくはP.74で解説します。

負債の部にもある流動と固定

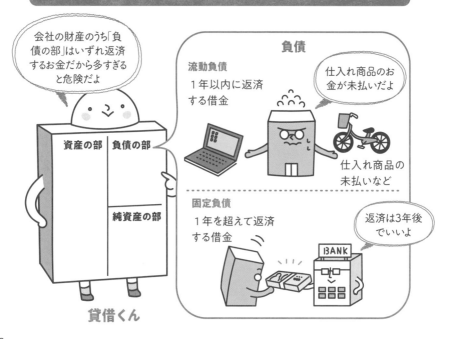

会社の財産のうち「負債の部」はいずれ返済するお金だから多すぎると危険だよ

負債

流動負債
1年以内に返済する借金

仕入れ商品のお金が未払いだよ

仕入れ商品の未払いなど

資産の部　負債の部

純資産の部

固定負債
1年を超えて返済する借金

返済は3年後でいいよ

BANK

貸借くん

04 純資産の部の中身とは？

返済義務がない純資産は会社の正味の財産ですが、
2つの異なった性質の項目から成り立っています。

貸借対照表の向かって右下（負債の部の下）にあるブロックが「純資産の部」です。これは会社の全財産である資産から、返済義務のある負債を差し引いたもの。すなわち、会社が自己所有する本来の財産なので返済義務はありません。そのため**自己資本**ともいいます。純資産は主に2つの部分から構成されていて、ひとつは株主が会社に投資した資本金。もうひとつは会社がこれまでに稼いで積み立てた利益剰余金です。P.76でさらにくわしい解説をしていきます。

04 貸借対照表（B／S）をくわしく教えて！

純資産は資本金と利益剰余金で成り立つ

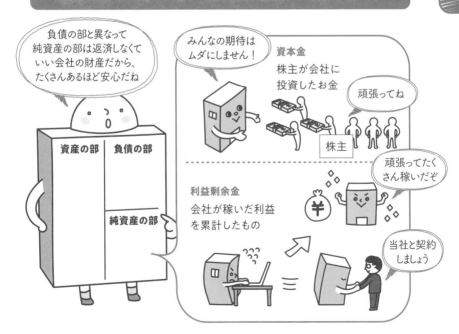

負債の部と異なって純資産の部は返済しなくていい会社の財産だから、たくさんあるほど安心だね

みんなの期待はムダにしません！

資本金
株主が会社に投資したお金

頑張ってね

株主

資産の部　負債の部

純資産の部

利益剰余金
会社が稼いだ利益を累計したもの

頑張ってたくさん稼いだぞ

当社と契約しましょう

05 負債にも流動・固定があるのはなぜ？

「流動負債」「固定負債」に分けることによって、
会社の内側にあるリスクが見えてくるのです。

P.72でも述べたように、資産の部と同じく、負債の部にある会社の借金は返済期日によって記載の優先順位が変わります。支払手形や短期借入金など、1年以内に返済する流動負債は負債の部の上のほうに、社債や長期借入金など、1年を超えて返済する固定負債は下のほうに記載するのがルールです。流動負債とは異なり、**固定負債は返済期日まで余裕がある借金**です。そのため返済計画が立てやすく、安定した経営資金として利用できるといえます。

記載の優先順位は流動→固定

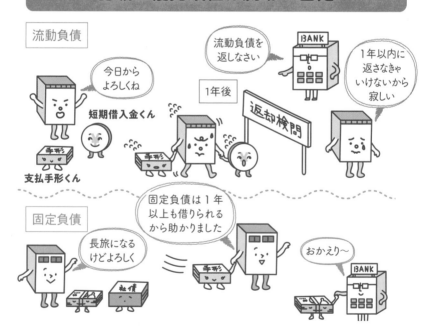

資産の部と負債の部を流動と固定に分けることにより、会社のある数値を割り出すことができます。それが**流動比率**。これは会社の短期的な支払い能力を判断する比率です。

流動比率（％）＝流動資産÷流動負債×100

流動比率が100％より低い場合は、1年以内に現金化できる資産より返済する負債が多いことを示しています。つまり、**会社の資金がショートする可能性があるということ**。このような危険を推測するためにも、会社などは負債の部も流動と固定に分ける必要があるのです。

流動と固定から見える会社のリスク

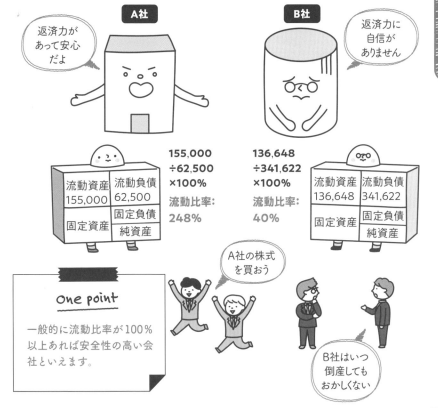

A社

返済力があって安心だよ

155,000
÷62,500
×100%

流動比率:
248%

流動資産 155,000	流動負債 62,500
固定資産	固定負債
	純資産

B社

返済力に自信がありません

136,648
÷341,622
×100%

流動比率:
40%

流動資産 136,648	流動負債 341,622
固定資産	固定負債
	純資産

A社の株式を買おう

B社はいつ倒産してもおかしくない

one point

一般的に流動比率が100％以上あれば安全性の高い会社といえます。

06 純資産において大切なのは株主資本

返す必要のないお金である純資産の中でも、
大きなウェイトを占めているのが株主資本です。

貸借対照表の右側の部分は、左側に書かれている会社の財産を得る
ために、どのようにしてお金を用意したかという内容になります。
右側上部の「負債の部」は、「お金を借りた」という記録なので基
本的に借金です。その下部が「純資産の部」で、P.73で説明したよ
うにこれは会社の持ち金です。ですから、返済する必要はありませ
ん。**純資産はその会社が持つ本来の資金力を表しているので、たくさんあ
るほど安心できる**ということになります。

負債と純資産が元手（資産）になる

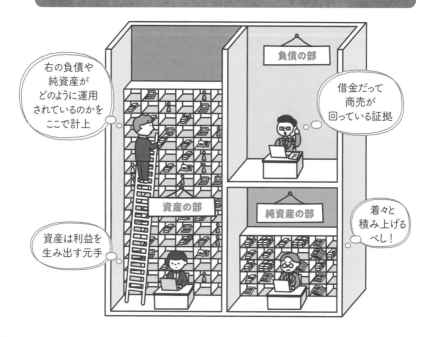

右の負債や
純資産が
どのように運用
されているのかを
ここで計上

負債の部

借金だって
商売が
回っている証拠

資産の部

純資産の部

着々と
積み上げる
べし！

資産は利益を
生み出す元手

純資産は、**株主資本**と株主資本以外（新株予約権、評価・換算差額等、少数株主持分など）に大別されます。このうち、重要視されるのが株主資本で、これはさらに資本金・資本剰余金・利益剰余金に分類されます。資本金は、投資家が会社運営のために投資したお金です。資本剰余金は、株主が投資したお金の中で資本金に繰り入れなかった分です。赤字になったときなどに、資本が減少するのを防ぐ緩衝材のようなものといえるでしょう。利益剰余金は会社が稼いだ利益を積み立てているもので、いわゆる「内部留保」と呼ばれるものです。これらは、**会社の経営がうまくいかなくなったときなどに、それをカバーする最後の砦だといえます。**

純資産の区分

純資産

株主資本

出資を受けた分は返済不要

資本金のうち1/2を超えない額は資本剰余金にできる

これが多いのが安定した会社の証拠

資本金

資本剰余金

利益剰余金

株主資本以外

これを行使すると資本金の交付を受けられる

有価証券や固定資産の評価上の差額も計算

親会社以外の株主の分も計算

新株予約権

評価・換算差額等

少数株主持分

07 P/LとB/Sのつながり

損益計算書（P/L）は一定の期間の情報を表し、
貸借対照表（B/S）はある時点の情報を表しています。

会計学で使用する**フロー**とはある一定期間の量を表すもので、**ストック**はある時点での残高を表します。たとえば、決算で損益計算書(P/L）と貸借対照表（B/S）を作成する場合、フローは1年の事業期間において収益と費用がどれだけ発生したかということを表します。これに対してストックは、決算日時点の資産・負債・純資産（資本）がどれだけ残っているのかということを表します。つまり、**一定期間のフローの結果が、ある時点でのストックになる**といえます。

フローとストック

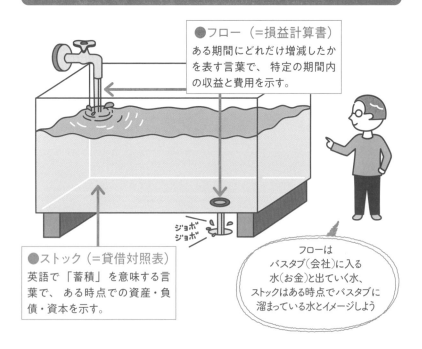

●フロー（＝損益計算書）
ある期間にどれだけ増減したかを表す言葉で、特定の期間内の収益と費用を示す。

●ストック（＝貸借対照表）
英語で「蓄積」を意味する言葉で、ある時点での資産・負債・資本を示す。

ジョボ
ジョボ

フローは
バスタブ（会社）に入る
水（お金）と出ていく水、
ストックはある時点でバスタブに
溜まっている水とイメージしよう

損益計算書と貸借対照表はそれぞれ別のもののように思われるかも
しれませんが、実際には密接なかかわりがあります。損益計算書に
表される当期純利益は、貸借対照表の「純資産の部」にある利益剰
余金に算入され、それが黒字であれば、会社は財産規模を拡大でき
ます。もう少し細かく説明すると、**法律によって積立が義務づけられ
た利益準備金ではなく、予期せぬ損失などに備えて留保されるその他利益
剰余金に入ることになる**のです。そして、黒字が続いてその他利益剰
余金が蓄積されていくと、会社の財務体質はよくなります。そのた
め、経済不安などがあると会社は熱心にその他利益剰余金の蓄積を
行います。

「利益を上げて資産を増やす」の繰り返し

企業の目的は、「資産」を使うことで「売上」を上げ、「利益」が
出たらそれを「資産」に加えるというサイクルで拡大し続けることです。

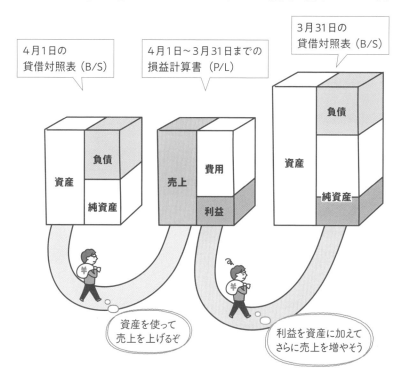

08 資産の減少、負債の膨張に要注意

会社の財産・負債・純資産の状況を把握するためには、
貸借対照表3要素のバランス確認が大切です。

貸借対照表は、資産の部と、負債の部＋純資産の部の合計が必ず一致します。言い換えれば、会社が持つ財産をすべて現金化したものと、会社の借金＋純資産は同じであるということです。そのため、貸借対照表を「均衡（**バランス**）を保つ」という意味でバランスシートと呼ぶ人もいますが、本来はその意味ではありません。そもそも、各会社が株主などに発表する貸借対照表は決算日に勘定したもの。つまり、**決算日時点の残高を示した一覧が貸借対照表**なのです。

なぜ貸借対照表はバランスシートと呼ばれる？

クイズショー

貸借対照表がバランスシートといわれる理由は左右の表の数値が均衡を保っているから、〇か×か!?

正解は×！
表の数値が均衡を保っているからではありません

資産の部と負債の部＋純資産の部の合計が一致するから、〇！

なるほど！

えっ違うの？

ここでのバランスは「残高」という意味で会社のある期間における財産の残高を表したのが貸借対照表なのです

たとえば、会社が流動資産を現金化して負債の返済にあてようとしたところ、現金が足りなかったとします。このような事態が貸借対照表上で判明すると、経営者は会社の経営が厳しいと判断し、借り換えをするか、固定資産の売却などを考えなくてはいけません。これは、損益計算書に表れる収入より支出が多くなる赤字とは異なるものです。いずれにしろ決して楽観できるものではないので、**経営者は債務を増やしすぎないように貸借対照表の変化に注意を払う必要があります**。資産・純資産の減少や負債の膨張などといった危険な兆候が見られるときは、直ちに手を打つ必要があるといえるでしょう。

経営者が貸借対照表で注意すべきポイント

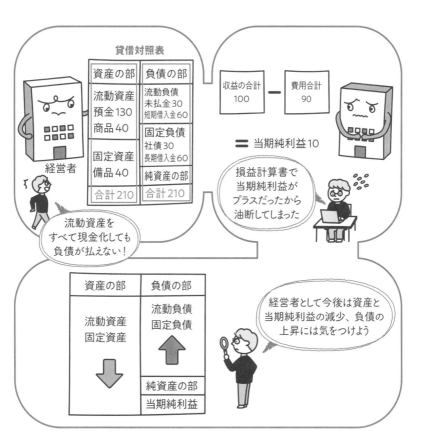

Column 04

会計における
発生主義と実現主義

　会社の取引は個人の買い物のように、その場で品物を買ってお金を払うということがほとんどありません。多くの場合、「買うという約束をする」「商品を受け取る」「お金を払う」という行為について、それぞれ何日も間をあけることになります。この場合、売上や利益といったものは、いつ成立・確定したと判断すればよいのでしょうか。

　「買うという約束をする」という段階で取引が成立し、利益が確定しているとする考え方を発生主義と呼びます。約束をしたのですから、いずれお金が増減すると判断しているということです。しかし、必ずしもその通りにいくとは限りません。もし、相手がお金を払ってくれなかったりキャンセルしたりすれば、売上も利益もなくなります。このようなリスクを考えて、実際に商品やお金が動いてから確定させる考え方を実現主義といいます。とくに利益は先に確定させると配当要求につながるため、慎重な対処が求められます。

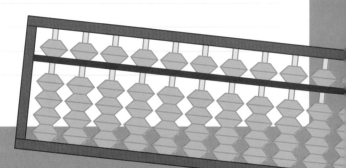

キャッシュフロー計算書
(C/S) をくわしく教えて！

P/L や B/S だけではわからない
実際の " お金の動き " を表したのが
キャッシュフロー計算書です。

01 そもそもキャッシュの定義とは？

会計学のキャッシュは現金だけを指すのではなく、
現金と同等であるものも含まれています。

一般的に、キャッシュといえば**現金**を思い浮かべるのが普通です。しかし、会計学ではもう少し範囲が広がります。そもそも、**現金とは製品・商品・サービスなどと即座に交換が可能な通貨のこと**です。これと同等のものというのは、おおむね3カ月以内に現金化できるものを指します。たとえば普通預金・当座預金であれば、預けてあるお金はすぐに引き出すことができます。しかし、長期間の預金を目的とする定期預金だと、そう簡単には引き出せません。ですので、満期が3カ月以上の**定期預金**は、この場合だとキャッシュに含まれないことになります。

会計におけるキャッシュの定義

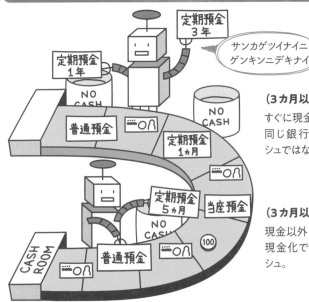

（3カ月以上の）定期預金
すぐに現金化できないので同じ銀行預金でもキャッシュではない。

（3カ月以内の）定期預金
現金以外にも3カ月以内に現金化できるものはキャッシュ。

02 キャッシュフロー計算書 3つの基本要素

お金の増減を表すキャッシュフローは、
営業・投資・財務という3つの観点からつくられます。

キャッシュフロー計算書とは、会社が持っているキャッシュが、1年間でどのような動きをしたかということを表す財務諸表のひとつです。これには、観点の違う**3つのキャッシュフロー**があります。本業の事業活動によって発生したものを表した「**営業活動によるキャッシュフロー**」、事業を維持したり新規事業を立ち上げたりするために投資を行ったことによるお金の増減を載せた「**投資活動によるキャッシュフロー**」、外部からの資金調達や返済などによって発生したお金の増減を示す「**財務活動によるキャッシュフロー**」です。

05 キャッシュフロー計算書（C／S）をくわしく教えて！

3つのキャッシュフロー

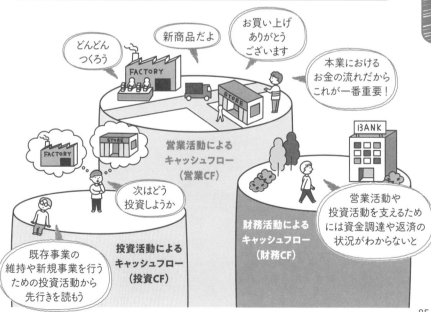

どんどん
つくろう

新商品だよ

お買い上げ
ありがとう
ございます

本業における
お金の流れだから
これが一番重要！

**営業活動による
キャッシュフロー
（営業CF）**

次はどう
投資しようか

営業活動や
投資活動を支えるため
には資金調達や返済の
状況がわからないと

**財務活動による
キャッシュフロー
（財務CF）**

**投資活動による
キャッシュフロー
（投資CF）**

既存事業の
維持や新規事業を行う
ための投資活動から
先行きを読もう

03 営業キャッシュフローの中身とは？

本業のお金の状態がわかる営業キャッシュフローには、
「直接法」「間接法」という表示方法があります。

一定期間、営業活動をする中で、本業によって得られたキャッシュの状況を明らかにするのが営業キャッシュフローです。要するに製品・商品・サービスを提供して収益を得て、それに必要な経費・費用を支払ったあと、どれだけ現金が残っているかということです。**キャッシュに余裕があれば経営は安定しますから、営業キャッシュフローが多いほどその会社は安心**だということになります。逆に、営業キャッシュフローがマイナスの状態が続くと資金が回らなくなり、倒産する危険性があります。

営業キャッシュフローのプラスとマイナス

本業で稼いでいる会社は営業キャッシュフローがプラスになる。

本業の調子が悪いと営業キャッシュフローがマイナスになる。

営業キャッシュフローの表示方法は2つあります。ひとつは**直接法**で、営業活動のお金の流れを総額で捉えるものです。言い換えれば、販売収益や支払い経費などのキャッシュの動きをそのまま記載し、相殺は一切行いません。これに対して**間接法**は、税引前当期純利益から調整項目を加減して表します。調整項目には、棚卸資産や買掛金の増減などがあります。**「直接法」は営業活動のキャッシュフローがそのまま記載されるので、お金の流れをより細かく把握することができます**。「間接法」の場合、利益と営業キャッシュフローの関係性を明確にすることができますが、細かなお金の流れはつかみにくいかもしれません。

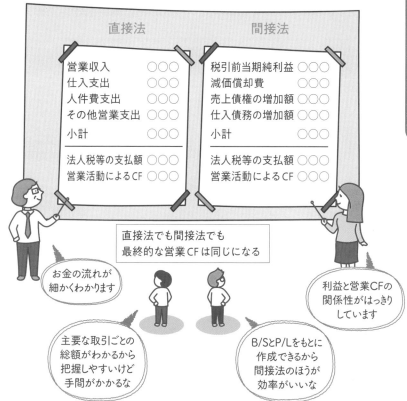

直接法と間接法

直接法	
営業収入	○○○
仕入支出	○○○
人件費支出	○○○
その他営業支出	○○○
小計	○○○
法人税等の支払額	○○○
営業活動によるCF	○○○

間接法	
税引前当期純利益	○○○
減価償却費	○○○
売上債権の増加額	○○○
仕入債務の増加額	○○○
小計	○○○
法人税等の支払額	○○○
営業活動によるCF	○○○

直接法でも間接法でも
最終的な営業CFは同じになる

お金の流れが
細かくわかります

主要な取引ごとの
総額がわかるから
把握しやすいけど
手間がかかるな

B/SとP/Lをもとに
作成できるから
間接法のほうが
効率がいいな

利益と営業CFの
関係性がはっきり
しています

87

04 間接法の キャッシュフローとは?

「間接法」で記載するキャッシュフローは、
P/LとB/Sから逆算してお金の動きを求めます。

「直接法」はお金の流れの総額をすべて記載するうえに、実際の取引に沿った順番で表されるので読み解きやすいという特徴を持っています。しかし、会社の事業活動は大変規模が大きく、さまざまな取引が行われているため、それらをすべて記載するのは非常に多くの労力を必要とします。したがって、より手間の少ない**損益計算書や貸借対照表をもとにした「間接法」を採用する会社が多い**のです。この方法でも、しくみを理解していればお金の流れを把握できます。

直接法は手間がかかる

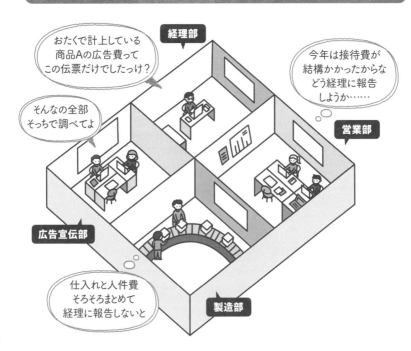

「間接法」では、まず**税引前当期純利益**を起点にします。**そこから実際の現金の動きを見ていく**のです。たとえば、減価償却費は費用課目ですが、お金を払ったのはずっと以前で今期は実際にお金が減っていません。ですから、キャッシュフローとしてはプラスの項目になります。同様に、売上債権・棚卸資産の増加は売上高には計上されても、その段階で現金が入ってきていないのでマイナス。仕入債務・その他負債の増加はその逆なのでプラスというように加減していけば、営業キャッシュフローの合計が出てきます。一見複雑なように見えますが、このように「間接法」を用いれば、損益計算書と貸借対照表だけで計算ができるのです。

間接法では個別の取引データは不要

企業間取引では、支払いは数カ月後ということはざらにあります。
間接法では、それらの売上を実際の現金の動きに沿って調整します。

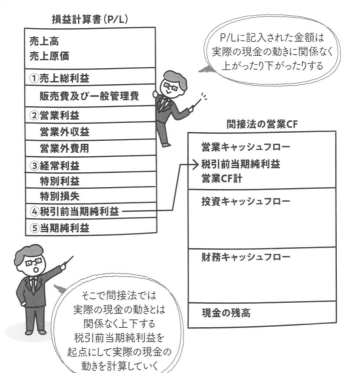

損益計算書（P/L）

| 売上高 |
| 売上原価 |
| ①売上総利益 |
| 販売費及び一般管理費 |
| ②営業利益 |
| 営業外収益 |
| 営業外費用 |
| ③経常利益 |
| 特別利益 |
| 特別損失 |
| ④税引前当期純利益 |
| ⑤当期純利益 |

P/Lに記入された金額は実際の現金の動きに関係なく上がったり下がったりする

間接法の営業CF

| 営業キャッシュフロー |
| 税引前当期純利益 |
| 営業CF計 |
| 投資キャッシュフロー |
| |
| 財務キャッシュフロー |
| |
| 現金の残高 |

そこで間接法では実際の現金の動きとは関係なく上下する税引前当期純利益を起点にして実際の現金の動きを計算していく

05 投資キャッシュフローの中身とは？

投資キャッシュフローに正解はなく、
営業キャッシュフローなどと合わせて総合的に判断します。

会社は将来にわたって発展し続けなければなりません。そのために
は、先々に向けて手を打っておく必要があるといえるでしょう。たと
えば、製造業なら新しい機械設備を設置したり、小売業なら新店を
オープンさせたりするといったことがそれにあたります。**投資キャッ
シュフローは、こういったことに会社がどれだけお金を使っているかを、明らか
にするものなのです**。ここに算入される課目には、3カ月以上の定期預
金の預入や払出、固定資産の購入や売却、投資有価証券の購入や売
却といった、将来の収益獲得につながるものがあります。

投資が会社の成長を支える

投資キャッシュフローがマイナスの会社は、 成長のための投資を盛んに
行っていると解釈できます。

投資キャッシュフローには「こうあるべき」というような形があります。会社ごとの個別事情や、時期・環境に応じて変化するものなのです。ただ、一般的には**マイナス**になっていることが多いといえます。会社が将来に向けて積極的な投資をしていれば、当然投資額が大きくなるからです。気をつけるべきは、この**マイナスが営業キャッシュフローのプラスを超えていないか**ということです。もちろん、投資内容にもよりますから一時的なものならかまいません。しかし、そのような状態が継続していれば、本業の利益で投資が賄えていないことになります。これでは、投資を回収する前に倒産してしまう危険が出てきます。逆に、投資の回収期であればプラスになっていてもおかしくありません。しかし、この場合も単に資産を切り売りしてプラスになっているなら、恒常的な資金不足を補うためとも考えられるので危険信号です。

投資CFと営業CFの関係

投資キャッシュフローは、主に固定資産（株や債券なども含む）の取得や売却などを表します。

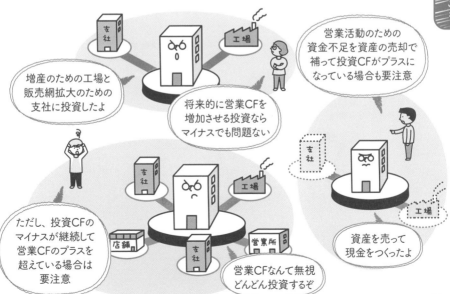

増産のための工場と販売網拡大のための支社に投資したよ

将来的に営業CFを増加させる投資ならマイナスでも問題ない

営業活動のための資金不足を資産の売却で補って投資CFがプラスになっている場合も要注意

ただし、投資CFのマイナスが継続して営業CFのプラスを超えている場合は要注意

営業CFなんて無視どんどん投資するぞ

資産を売って現金をつくったよ

91

06 財務キャッシュフローの中身とは？

資金調達や返済の状況を把握して、
うまくお金が回っているかがわかる計算書です。

会社が事業を行うにはお金がかかります。ときどきの必要に応じて、外部から調達することもあるでしょう。このような、**会社がお金を借りたり、返したりした流れを記録しているのが財務キャッシュフロー**なのです。具体的には、銀行からの借入・返済や、株・債券の発行・配当などといったものが記載の対象になります。ただ、短期借入金は出し入れの頻度が高いので、期中純増減額だけを載せることがほとんどです。

財務キャッシュフロー（財務CF）とは

財務キャッシュフローは、外部からの資金の調達や返済によって生じたキャッシュの増減を表します。

営業活動や投資活動を支えるためにも財務活動で資金調達！

年間の増減を記録しよう

借入金の返済

株主への配当

銀行からの借入

頻度が多いな

株式の発行

株主

財務キャッシュフローは単独で見るものではありません。たとえばマイナスになっていても、営業キャッシュフローがプラスであれば、配当・自己株式取得・借入金返済などを優先していると考えられます。会社が成長局面であれば、**資金調達**を優先するのでプラスになります。ただ、手元資金が少なかったり営業キャッシュフローがマイナス続きであったりしたとき、財務キャッシュフローがマイナスだと問題です。前者の場合は、銀行が融資を躊躇しているのかもしれません。後者の場合は、赤字体質か事業が急成長中なのに、運転資金の調達がうまくいっていない可能性があります。いずれにせよ、**ほかのキャッシュフローと合わせてチェックすること**が大切です。

財務CFは単独で見ても意味がない

財務CFがプラスかマイナスかは、どちらでも問題ありません。
重要なのは営業CFや投資CFと見比べて状況を見極めることです。

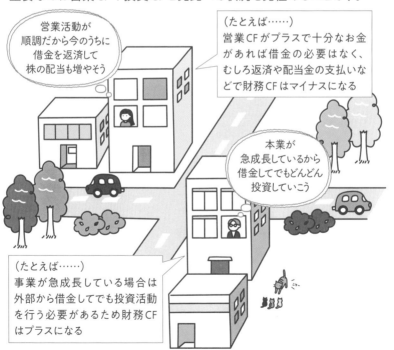

営業活動が順調だから今のうちに借金を返済して株の配当も増やそう

（たとえば……）
営業CFがプラスで十分なお金があれば借金の必要はなく、むしろ返済や配当金の支払いなどで財務CFはマイナスになる

本業が急成長しているから借金してでもどんどん投資していこう

（たとえば……）
事業が急成長している場合は外部から借金してでも投資活動を行う必要があるため財務CFはプラスになる

07

マイナスも必要な キャッシュフロー計算書

営業キャッシュフローはプラスがよいのですが、
投資・財務キャッシュフローはそうとは限りません。

会社は自らを維持するために営業活動を行い、事業を大きくするために投資活動を行い、お金を調達するために財務活動を行います。3つのキャッシュフローは、それぞれの**お金の流れ**を記録する財務諸表なのです。**営業キャッシュフローは営業活動の結果ですから、プラスになる必要があります**。もしマイナスになることがあれば、営業活動でお金が減っていることとなり、正常な活動状態とはいえないでしょう。

営業CFはプラスが原則

営業キャッシュフローは一定期間に本業で生み出したお金を表すため、これがマイナスだと業績が悪化していることになります。

投資キャッシュフローは、活発に投資が行われているとマイナスになります。 計画的な投資であれば、これは会社の将来を考えると伸びしろがあるということですから、よいことだといえるでしょう。また、**財務キャッシュフローがマイナスになっていても、順調に借入金の返済が行われていることが原因なら、営業キャッシュフローのプラスで補えば済みます。** 借入金の返済は、歓迎されるべきことなのです。逆にプラスであっても、必要な資金調達であれば会社を活性化させるので問題ありません。要は、営業キャッシュフローや投資キャッシュフローの中身と照らし合わせて、なにが原因でそのような結果になっているのかを確認することが大切なのです。

投資CFと財務CFはマイナスでもよい

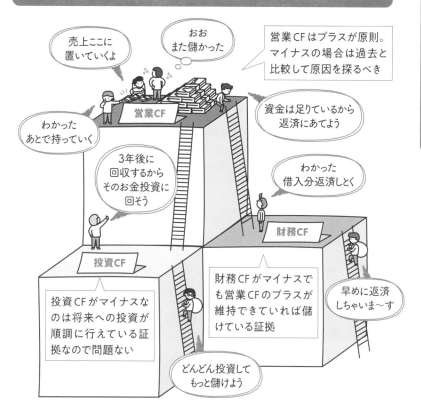

売上ここに置いていくよ

おおまた儲かった

営業CFはプラスが原則。マイナスの場合は過去と比較して原因を探るべき

わかったあとで持っていく

営業CF

資金は足りているから返済にあてよう

3年後に回収するからそのお金投資に回そう

わかった借入分返済しとく

財務CF

投資CF

財務CFがマイナスでも営業CFのプラスが維持できていれば儲けている証拠

早めに返済しちゃいま～す

投資CFがマイナスなのは将来への投資が順調に行えている証拠なので問題ない

どんどん投資してもっと儲けよう

08

会計における「のれん」ってなに？

M&Aなどで発生する無形資産の「のれん」は、
被買収企業の潜在価値を読まなければなりません。

のれん」と聞けば、一般になにを想像するでしょうか。やはり、老舗の入口にあるような「信用」という重厚なイメージでしょう。会計学では、「のれん」や「のれん償却」といった項目があります。これは**以前の営業権に代表される、形のない潜在的な価値のこと**を指しています。たとえば、ある会社が別の会社を買収するとき、帳簿上の会社の価値である純資産を超えるお金を支払えば、その差額が被買収企業の潜在価値となり、「のれん」になります。無形であり、同様の事例がないものにつく価値ですから、それをどのように評価するのかは大変難しいものといえるでしょう。

「のれん」とは

「のれん」は文字通り、お店の屋号が書かれた「暖簾」が語源。単純に金額に換算できないブランド力や将来的な価値、あるいはその分を加味した差額が会計における「のれん」です。

なんか聞いたことある名前だな
信用できそうだ

この店のブランド力とレシピにうちの資本と展開力が合わされば数十倍の売上になりそうだ……

資産のみなら5000万ぐらいだがブランド力にもう3000万払ってもいいな

うまかった……
また来よう

一般の消費者　　まいどー　　買収者

のれんは、M&A（企業買収）を行う際に発生します。純資産は被買収企業の帳簿上の価値ですが、買収する企業は被買収企業をうまく運営し、本業との相乗効果を高めるなどして、それ以上の価値を生み出そうと考えているのです。たとえば、買収を重ねて大きくなったソフトバンクは、当初は自分より大きな（自己資産を超える買収額）買い物をして、現在の隆盛につなげています。通信事業が継続的に大きな営業キャッシュフローを生み出すことが、お金を貸す銀行に理解されたということです。逆に、買収額が被買収企業の純資産より低い額になるときがあります。これは**「負のれん」といわれ、被買収企業に訴訟などの潜在リスクがある場合に発生することがあります**。なお、のれん代の処理方法は日本の会計基準と国際財務報告基準（IFRS）では異なります。

「のれん」の計算式

「買収金額−純資産＝のれん」となります。 日本の会計基準では、のれん代は20年以内の期間に償却されます。

のれんは
20億円

20億円

負のれんが
10億円

10億円

純資産
60億円

買収額
80億円

純資産
60億円

買収額
50億円

●日本の会計基準とIFRSの違い

日本の会計基準では、 仮にのれんが20億円であれば毎年1億円ずつ費用計上されることになる。 一方、 IFRSの場合は基本的に償却しない。 M&Aを盛んに行う企業は、 償却費を計上したくないのでIFRSを適用する場合が多い。

09

B/S、P/Lの穴を埋める キャッシュフロー計算書

会社の基本的な活動を示すB/SとP/Lを、
現金の動きを捉えることで捕足するのがCFです。

損益計算書は、会社の売上高、費用と利益を明らかにしてくれます。貸借対照表は、会社の財産・借金・純資産を示してくれます。これらがあれば、「お金を集めること」「投資をすること」「利益を上げること」といった、会社の基本的な活動が見えてきます。ただ、こういった活動の中で動くお金の流れは、売上・費用が発生したときに同時に動くわけではありません。そこで、**B/SやP/Lとは別に、実際のお金の流れを示すキャッシュフロー計算書が必要になる**のです。

利益は意見、現金は現実

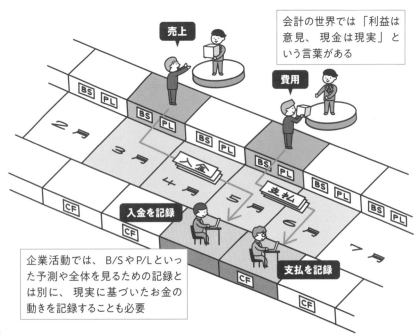

会計の世界では「利益は意見、現金は現実」という言葉がある

売上

費用

入金を記録

支払を記録

企業活動では、B/SやP/Lといった予測や全体を見るための記録とは別に、現実に基づいたお金の動きを記録することも必要

キャッシュフロー計算書（C/S）は実際の現金の流れを表しているので、結果として現在どれだけの現金が手元にあるかがわかるようになっています。**企業会計は「発生主義」といって、取引が起こったときに記録するというルールがあります。**ですから、そのときに売掛・買掛・手形などといった後日代金の決済が行われる処理がされていれば、帳簿と現実のお金の流れにはタイムラグが発生します。そして、事業活動では決済時にキャッシュの不足があると支払いができずに不渡りを出すといった状況に陥ります。このような事態を避けるためにも、キャッシュフロー計算書が必要になるのです。

C/Sは実際のお金の動きを表す

3カ月後に支払います

B/Sには売掛金として計上 P/Lには売上として……あれっ、来月お金が足りないかも

商談成立

……といったことがないよう発生主義に基づくB/S、P/Lとは別に実際の現金の出入りを記録するのがC/Sだ

危なかった〜

10 C/SとB/Sのつながり

B/Sに表れる現預金の増減が発生したときに、
C/Sを確認することでその原因がわかります。

貸借対照表（B/S）は、会社のその時点の財産の状況を表しています。
1年前の表と現在の表を比較すれば、財産の増減を知ることが可能で
すが、その要因まではわかりません。一方、キャッシュフロー計算
書（C/S）は、くわしいお金の流れを知ることができるもの。**営業・
投資・財務の各キャッシュフローを確認すれば、それぞれの活動状態が明ら
かになります**。たとえば、営業キャッシュフローがプラスで投資キャッ
シュフローがマイナス、財務キャッシュフローがプラスであった場
合。本業は順調に利益を稼いでいて、将来に向けた投資も活発に行
われ、さらにそのための資金調達もしていると見ることができます。

C/SとB/Sの関係

貸借対照表を見ただけではわからない具体的な数字も、キャッシュフロー計算書を確認することでわかります。たとえば、期首である4月1日の時点で貸借対照表に500円の現金が計上されていたとします。そして1年後、3月31日の期末の時点で700円に増えていたとします。これを見ただけでは本業で儲けたのか、借金して増やしたのかはわかりません。しかし、キャッシュフロー計算書を見れば「営業で400円儲け、250円の投資を行い、財務で50円借りた」ということがわかります。このように、貸借対照表だけでは読み取れないお金の**増減の要因**も、キャッシュフロー計算書によって読み解いていくことができるのです。

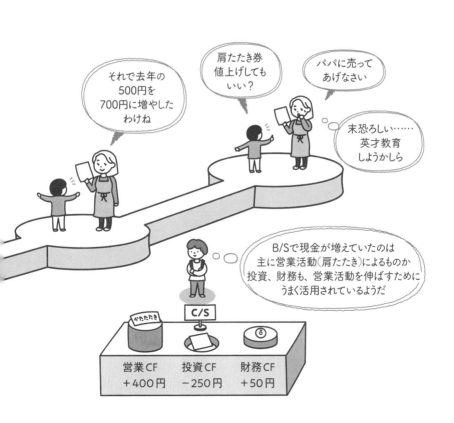

11 黒字倒産の防止に役立てる

会社の本業が順調でいくら儲かっていても、
現金がなければ支払いができなくなり倒産してしまいます。

会社は赤字になると、当然のことながら倒産のリスクが高まります。それでは、黒字であれば安心なのでしょうか。残念ながらそうではありません。赤字になって倒産するのは、儲からず手持ちのお金がなくなってしまい、支払いができなくなるからです。**仮に黒字であっても、赤字のときと同様にお金が手元になければ支払いができなくなることに変わりはありません。**企業会計は発生主義ですから、そういったことが起こり得るのです。

なぜ黒字でも倒産するのか

収支のうえで利益が出ていたとしても、会社は倒産することがあります。それは、「売上・費用」と実際の「入金・支払」に時差があるためです。

one point

在庫の仕入れの支払いが売上の入金よりも早いため現金がショートすること、取引先の業績悪化や倒産などによる売掛金や貸付金の不良債権化も、黒字倒産の要因となります。

キャッシュフロー計算書は、会社のお金の流れをつかむためのものです。一方、**黒字倒産**を防ぐためには、お金を「いつ」「どれだけ」用意しておくかといった将来の設計が必要なので、主に資金繰り表を利用します。キャッシュフローが過去のお金の流れを表しているのに対して、**資金繰り表は将来のお金の流れを予測するもの**です。しかし、予測をして対策を打つためには、過去の状況を分析しなければなりません。そのため、資金繰り表をつくる際にはキャッシュフロー計算書を読み解いて、お金の流れに関する強み・弱みを把握し、有効な資金手当ての方策を立てる必要があるのです。

黒字倒産を防止するC/Sと資金繰り表

資金繰り表とキャッシュフロー計算書は非常に似ているように見えますが、その目的と役割は異なります。

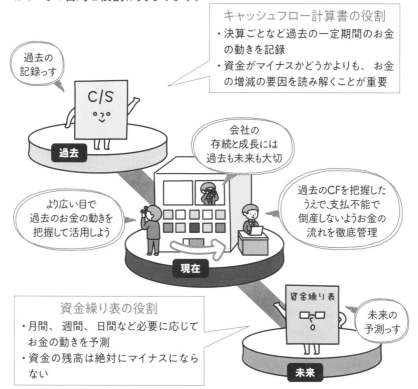

キャッシュフロー計算書の役割
・決算ごとなど過去の一定期間のお金の動きを記録
・資金がマイナスかどうかよりも、お金の増減の要因を読み解くことが重要

過去の記録っす

C/S
過去

会社の存続と成長には過去も未来も大切

より広い目で過去のお金の動きを把握して活用しよう

過去のCFを把握したうえで、支払不能で倒産しないようお金の流れを徹底管理

現在

資金繰り表

資金繰り表の役割
・月間、週間、日間など必要に応じてお金の動きを予測
・資金の残高は絶対にマイナスにならない

未来の予測っす

未来

12 フリーキャッシュフローってなに？

フリーキャッシュフローは概念なので、
定義や算出の仕方が一定ではありません。

フリーキャッシュフロー（FCF）とは、近年注目を集めるようになった概念です。しかしながら、営業・投資・財務キャッシュフローのようなキャッシュフロー計算書に表れるものではありません。ですから、解釈もまちまちで算出の仕方も複数存在します。**一般的には、会社が事業活動で獲得したお金の中で自由に使えるものを指し、営業キャッシュフローに投資キャッシュフローを加えたものがフリーキャッシュフローとされています。**

フリーキャッシュフローとは

FCF＝営業CF＋投資CF

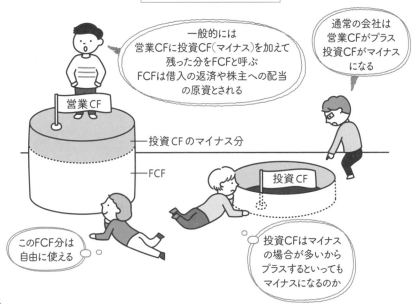

一般的には
営業CFに投資CF（マイナス）を加えて
残った分をFCFと呼ぶ
FCFは借入の返済や株主への配当
の原資とされる

通常の会社は
営業CFがプラス
投資CFがマイナス
になる

営業CF

投資CFのマイナス分

FCF

投資CF

このFCF分は
自由に使える

投資CFはマイナス
の場合が多いから
プラスするといっても
マイナスになるのか

くわしく解説すると、営業キャッシュフローには、現在の事業を維持するために必要なお金が含まれており、それを差し引いたものがフリーキャッシュフローとされます。そこで、**投資キャッシュフローを「現状維持に必要なお金」と定義し、加える（投資はマイナスになるので、加えれば実質減ることになる）ことで、残ったお金を自由に使える分に見立てる考え方**です。少しざっくりとした考え方かもしれませんが、このフリーキャッシュフローがプラスであれば、会社は自ら稼いだお金の範囲内で投資をしており、借入金などに頼りすぎていないことがわかるのです。

フリーキャッシュフローからわかる会社の健全性

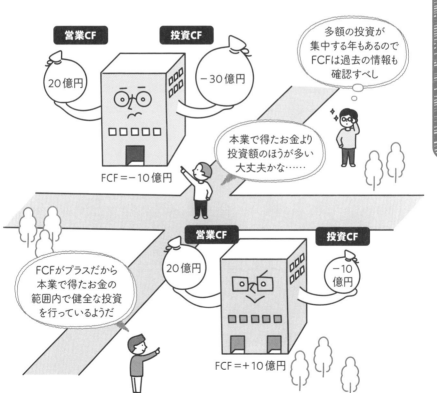

営業CF 20億円　投資CF −30億円

多額の投資が集中する年もあるのでFCFは過去の情報も確認すべし

本業で得たお金より投資額のほうが多い大丈夫かな……

FCF＝−10億円

営業CF 20億円　投資CF −10億円

FCFがプラスだから本業で得たお金の範囲内で健全な投資を行っているようだ

FCF＝＋10億円

13 資本コストで割り引く DCF法とは？

投資の回収は期間が長くなることが多いので、
回収時の価値を現在に置き換える必要があります。

投資を考える場合、いくら投資して、いくら回収するかを考えなければなりません。しかし、**現在のお金の価値と将来のお金の価値は違います**。そこで重要になってくるのが**DCF法**です。このDCF法とは、将来のキャッシュフロー（フリーキャッシュフローから推計）を、資本コスト（株主資本の調達コストや銀行への支払利子など、企業が使用資本のために負担する費用）で割り引くことで現在価値に換算し、会社を評価する方法です。

現在価値と将来価値

お金は時間とともにその価値が変化します。現在手元にある1万円と、それを年間の金利が20%である銀行に預けて、1年後に受け取ったときに手元にある1万2千円。一見するとお金が増えたように感じますが、1万2千円は将来の価値であり、これを現在の価値に直すと1万円です。実際には手数料や運用料といった資本コストがかかるので、手元に残るお金は現在でいう1万円よりも小額になると考えられます。

DCF法の基本的な考え方は、その会社で現在のお金の価値は将来いくらになるのか、将来のお金の価値は現在のいくらに相当するのかということを、算出することにあります。 たとえば、今100円投資をして毎年30円ずつ、4年間で120円を得られる案件の場合、資本コストが10%であれば95.1円しか回収できないことになります。回収するお金は120円なのですが、これを資本コストで割り引いて現在の価値に置き換えると、95.1円という計算になってしまうのです。将来に得る金額が増えているように見えても、資本コスト分を計算に入れると4.9円のマイナスになってしまうわけで、これでは投資した意味がありません。投資は、回収に時間のかかるものが多くあります。将来の価値を正しく判断しなければ、このようなことが起きて、利益を逃してしまうのです。

DCF法で現在価値を導き出す

100円を投資して4年後に120円を得たとしても、資本コストの10%を割り引くと損したことになってしまう。

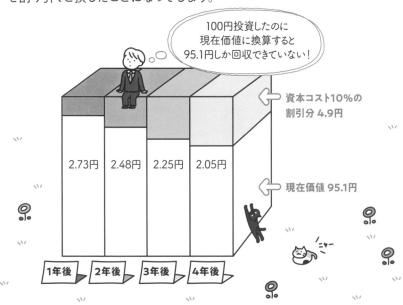

100円投資したのに
現在価値に換算すると
95.1円しか回収できていない！

資本コスト10%の
割引分 4.9円

2.73円　2.48円　2.25円　2.05円

現在価値 95.1円

1年後　2年後　3年後　4年後

14 オリエンタルランドのキャッシュフロー経営

ディズニーリゾートには大型投資が必要ですが、オリエンタルランドはキャッシュフロー経営で財務体質改善を行っています。

ディズニーシーや直営ホテル群などがオープンした2001年ごろ、ディズニーリゾートを運営するオリエンタルランドは大きな投資を行いました。当然、フリーキャッシュフローもマイナスに振れ、有利子負債が膨らんでいます。その後はしばらく小康状態が続き、大型開発が一段落した2008〜2009年から、**財務キャッシュフローが大きくマイナスに転じました**。これは、この時期から有利子負債の返済を優先しはじめたということでしょう。常に施設を進化させ、リピーターを増やすために継続投資は不可欠であり、再び大型投資が発生することも目に見えています。ですから、財務体質改善は差し迫った重要な課題だったのです。

オリエンタルランドのCF

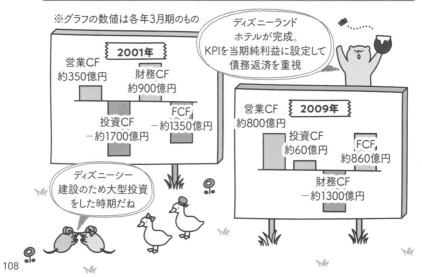

※グラフの数値は各年3月期のもの

ディズニーランドホテルが完成。KPIを当期純利益に設定して債務返済を重視

2001年
営業CF
約350億円
財務CF
約900億円
投資CF
−約1700億円
FCF
−約1350億円

2009年
営業CF
約800億円
投資CF
約60億円
FCF
約860億円
財務CF
−約1300億円

ディズニーシー建設のため大型投資をした時期だね

2013年3月期の貸借対照表によると、長期借入金は600億円を下回っていました。2007年3月期の6000億円から見ると、大きく減少しています。しかし、2022年に向けて再び新たなエリアを開発するために投資を開始しました。当然、フリーキャッシュフローは再びマイナスに転じるはずですが、2018年3月期は約750億円も確保されていました。これは、オリエンタルランドの営業キャッシュフローの規模が、相対的に大きいということを示しています。投資キャッシュフローも相当額あるのですが、それを営業キャッシュフローが上回っているということです。オリエンタルランドは、**かつてのように投資のお金を借入金に頼るのではなく、自ら稼ぎだして賄おうと考えた**わけです。目標達成過程の指標であるKPI[※]を、当期純利益→フリーキャッシュフロー→営業キャッシュフローと順次切り替え、**キャッシュフロー経営**を実践しているのです。

※ KPI…Key Performance Indicator の略語で、企業など組織が設定した最終目標の達成度を評価するための中間指標のこと。重要業績評価指標、重要達成度指標とも。

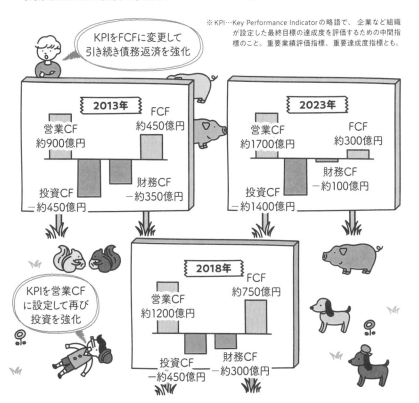

KPIをFCFに変更して引き続き債務返済を強化

2013年
営業CF
約900億円
FCF
約450億円
投資CF
－約450億円
財務CF
－約350億円

2023年
営業CF
約1700億円
FCF
約300億円
投資CF
－約1400億円
財務CF
－約100億円

2018年
営業CF
約1200億円
FCF
約750億円
投資CF
－約450億円
財務CF
－約300億円

KPIを営業CFに設定して再び投資を強化

政府にも決算書がある

　政府の財務構造は、会社に似ているといわれています。実際に、政府にも財務諸表が存在するのです。貸借対照表では、資産の部に現預金をはじめとして、おなじみの項目が並んでいます。意外と多いのが有価証券で、政府も民間企業の株を多数持っているということでしょう。負債の部は公的年金預かり金といった、会社では見られない項目があります。当然のことながら、もっとも多いのは公債です。少し違うのは、純資産の部がないこと。代わりに、資産・負債差額の部となっており、資産で賄えない債務が計上されているのです。

　損益計算書の売上にあたる収入は、基本的に税収です。さらに、出資・貸付の利息や建設国債・特別国債の利息も含まれています。ただし、国債は借金ですから貸借対照表では負債になります。この収益から費用などを引けば当期純利益が出るはずですが、政府の場合はすべて使ってしまうので利益は残らないのです。

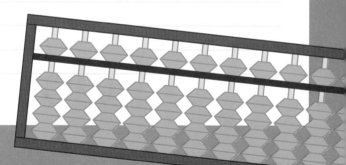

財務3表の関係性

P/L、B/S、C/S からなる財務3表は、
独立したものではなく、それぞれが
つながりあって成立しています。

01 財務3表は つながっている

損益計算書、貸借対照表、キャッシュフロー計算書を
分析すれば財務状況が把握できます。

損益計算書は、会計期間の経営情報を表したもの。これに対して、貸借対照表は資産・負債・純資産といったものを表し、期末時点での財務状態がわかります。また、キャッシュフロー計算書は会計期間のキャッシュの出入りを細かく記載しています。**これらはそれぞれ独立して存在しているように見えますが、実際は密接につながっていて、お互いの数字の動きに連動しています**。つまり、それぞれを個別に分析・評価するのではなく、**財務3表**を複合的に捉えて、過去の経緯や将来の見通しをチェックすることが必要なのです。

3つの表は連動している

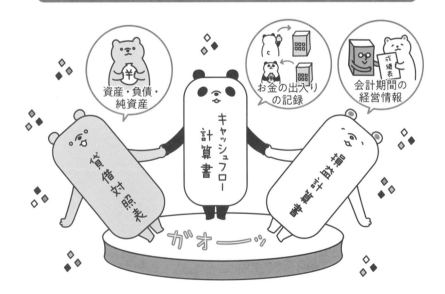

損益計算書の税引前当期純利益は、決算のときに税金を支払う前に残った利益です。そして、実際の納税は翌期になるので、この数値はキャッシュフロー計算書の営業キャッシュフローの冒頭とつながります。また、キャッシュフロー計算書の「現金及び現金同等物の期末残高」は、貸借対照表の資産の「現金及び預金」と一致します。このように、財務3表は数値で連動しているのです。これらのつながりを理解すると、財務3表の見方がわかってきます。まず、**貸借対照表を一番に見ることで、会社の資金は「どのように調達されているのか」「どのように運用されているのか」「どのように保有されているのか」ということをつかみます**。次に、損益計算書で調達・保有されたお金が「どのように売上・利益を上げたか」を確認します。最後に、キャッシュフロー計算書でお金の増減・動きを把握することで、スムーズな経営に役立てることができるというわけです。

財務3表のつながり部分

02 会社を設立したときの財務3表の動き

会社を設立すればすぐにお金が動くので、
営業活動をしていなくても財務3表が変化します。

損益計算書・貸借対照表・キャッシュフロー計画書の財務3表による密接なつながり。これは、会社を設立して稼働しはじめるまでを追ってみるとわかりやすいでしょう。まず、会社を設立すると**資本金**を払い込みます。事業を起こすためには元手が必要ですから、資本金は必須です。仮に100万円の資本金を得た場合、**貸借対照表の資産の部・現金及び預金と純資産の部・資本金にそれが記載され、財務キャッシュフローの株式発行収入に反映**されます。

資本金100万円で会社を設立した場合

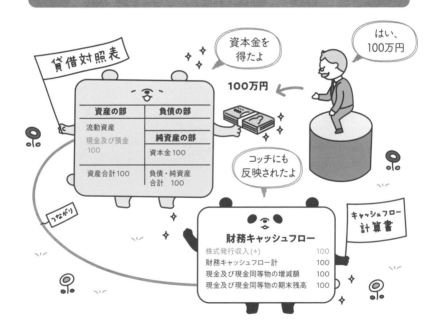

また、会社を設立したときに、最初から潤沢な資本金があることは少ないので、事業・運転資金として足りない分については、どこからか調達することになります。ここでは、銀行から借りることを考えましょう。仮に借入したお金が300万円だとします。まず、**貸借対照表の現金及び預金に加えられ、負債の部の短期借入金に記載**されます。この処理で先ほどの資本金100万円と合わせても、貸方・借方の合計は同額になります。**財務キャッシュフローでは短期借入収入として加えられ、合計は株式発行収入と合わせた額になります。** この段階ではお金が集まっただけでまだ営業活動をしていませんから、損益計算書に動きはありません。

銀行から300万円を借入した場合

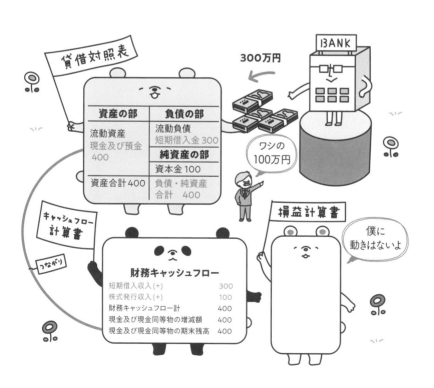

03 会社では購入するものによって会計が変わる

事業活動がはじまってお金が動いたときには、
財務3表が連動してその動きを記録します。

前項では、100万円の資本金と300万円の銀行借入をして、合計で400万円のお金を集めました。次は会社に必要なものとして、事務用品を買ったとします。そうなったとき、財務3表はどのように変化するのかを見てみましょう。事務用品が20万円だったとすると、まずは販管費の事務用品費として20万円を計上。**この時点で売上は「0」なので、営業利益以下は「−20」**になります。残りの2表は、P.115で解説したつながりに沿って反映されます。

事務用品を購入した場合

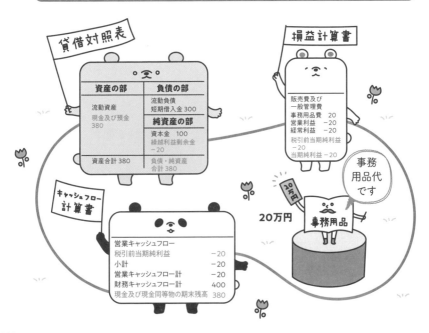

貸借対照表

資産の部	負債の部
流動資産	流動負債
現金及び預金 380	短期借入金 300
	純資産の部
	資本金 100
	繰越利益剰余金 −20
資産合計 380	負債・純資産合計 380

損益計算書

販売費及び
一般管理費
事務用品費 20
営業利益 −20
経常利益 −20
税引前当期純利益 −20
当期純利益 −20

事務用品代です

20万円

事務用品

キャッシュフロー計算書

営業キャッシュフロー	
税引前当期純利益	−20
小計	−20
営業キャッシュフロー計	−20
財務キャッシュフロー計	400
現金及び現金同等物の期末残高	380

会社をはじめるにあたってまずは事務用品を購入したので、次はパソコンを購入するとします。ただ、パソコンの場合は事務用品と処理が異なります。なぜなら、事務用品はすぐに消耗されてしまうものなのに対し、パソコンは何年にもわたって利益を生み出していく資産だからです。そこで、パソコンを30万円で購入したとすると、貸借対照表には固定資産の工具器具備品として計上します。ただ、**パソコンや機械装置などの費用は、「減価償却」といって耐用年数に応じて分割する必要があります。**仮に耐用年数を3年とした場合、損益計算書には減価償却費として「10」を、貸借対照表には「20」を記入してバランスを取ります。

機械装置は減価償却費として計上

30万円で購入したパソコンを3年間使用するとして分割して計上。これを減価償却といいます。

財務3表の動き

貸借対照表

資産の部	負債の部
流動資産 現金及び預金 350	流動負債 短期借入金 300
	純資産の部
固定資産 工具器具備品 20	資本金　100 繰越利益剰余金 - 30
資産合計 370	負債・純資産合計 370

キャッシュフロー計算書

営業キャッシュフロー	
税引前当期純利益	-30
小計	-30
営業キャッシュフロー計	-30
投資キャッシュフロー	
固定資産取得（−）	-30
投資キャッシュフロー計	-30
財務キャッシュフロー	
短期借入収入（＋）	300
株式発行収入（＋）	100
財務キャッシュフロー計	400
現金及び現金同等物の増減額	350
現金及び現金同等物の期末残高	350

損益計算書

販売費及び一般管理費	
事務用品費	20
減価償却費	10
営業利益	-30
経常利益	-30
税引前当期純利益	-30
当期純利益	-30

04 株主資本等変動計算書ってなに？

2006年の法改正で、その期中の変化を管理する帳票「株主資本等変動計算書」が必要になりました。

貸借対照表は、ある時点の会社の財産を表した表です。そのため、1年間の財産の動きについては、この表から把握することはできません。**資産の部や負債の部の課目については、連動している損益計算書やキャッシュフロー計算書でカバーできますが、「純資産の部」は十分ではない**のです。純資産の部の資本金・資本剰余金・自己株式などは、1年の間に変化することがあります。そこで**株主資本等変動計算書**を用いて、その動きを記録していきます。

貸借対照表のウィークポイント

株主資本等変動計算書ができた背景には、法律改正により利益剰余金の処分について、柔軟な対応が可能になったということがあります。それまでは、利益剰余金の処分は定時株主総会でしか決められませんでしたが、2006年から時期や方法が大幅に自由になりました。ただ、そうなると株主資本が頻繁に出入りすることになるため、その動きを押さえていく表が必要になります。そこで、株主資本等変動計算書ができたというわけです。**この表があれば、新株の発行、積立金としての内部留保、株主への配当金など、貸借対照表にある純資産の各項目がなにによってどれくらい変化したのかがひと目でわかる**のです。

ひと目でわかる利益剰余金

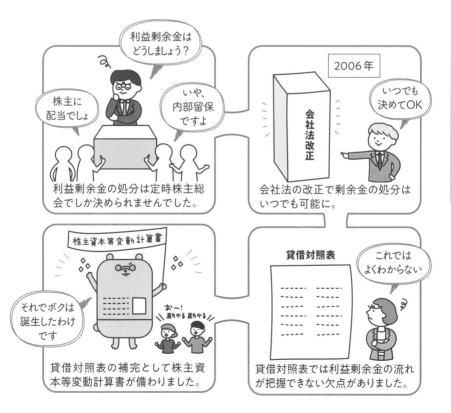

利益剰余金はどうしましょう？

株主に配当でしょ

いや、内部留保ですよ

利益剰余金の処分は定時株主総会でしか決められませんでした。

2006年 会社法改正

いつでも決めてOK

会社法の改正で剰余金の処分はいつでも可能に。

株主資本等変動計算書

それでボクは誕生したわけです

お〜！助かる助かる

貸借対照表の補完として株主資本等変動計算書が備わりました。

貸借対照表

これではよくわからない

貸借対照表では利益剰余金の流れが把握できない欠点がありました。

119

05 連結経営と 連結財務諸表ってなに？①

子会社・関連会社にとって親会社の影響は大きいため、
すべてが見通せるように連結財務諸表を用います。

通常、会社はひとつの組織として成り立っており、事業活動はその中で完結するようにできています。しかし、さまざまな理由で分社化したり買収により子会社になったりするなど、複数の企業がひとつの集団となって事業を行うことも少なくありません。このような場合、1つひとつの会社を個別に見ていては、正しく事業の状況を把握できなくなることがあります。そこで、**同じ企業集団の中にいる複数の会社をひとつとみなして、連結財務諸表をつくる**のです。

企業集団をひとつの会社として見る

財務諸表を
見たいので
まとめたものをください

ドウゾ

親会社

連結

子会社　関連会社

財務諸表

本来、会社を支配するのは議決権を行使する株主です。ですから、理論上は50%を超える株を親会社が保有していなければ、子会社・関連会社といい難いのかもしれません。しかし、被支配会社の役員が支配会社の役員である場合などは、保有株が少なくても経営に多大な影響を及ぼすことができます。そこで、**株の保有量だけではなく、実質的に会社を支配していれば会社は連結すべきと法律で定められています**。たとえば親会社が製造業を営んでおり、製品を子会社に売りつけることで利益を上げていた場合、個別の財務諸表では親会社の事業ばかりが順調に見えてしまいます。このようなことが起きないようにするために、連結財務諸表の作成は大切なことなのです。

連結財務諸表の必要性

親会社と子会社は、財務状況に隔たりが起きやすくなります。そのため、連結財務諸表で総合的な財務情報を知る必要があるのです。

06 連結経営と連結財務諸表ってなに？②

連結経営の運営は簡単なものではないため、
純粋持株会社にしている例が増えています。

連結経営とは、親会社が支配下に置く子会社・関連会社を合わせて経営することです。連結すれば相乗効果が得られたりするように思われますが、そう簡単にはいきません。**連結経営の企業は、親会社や傘下の会社が利害で対立したり、不調であったりした場合、1種の連帯責任という形で株主からの評価が下がります。**独立した会社であれば単独で評価されますが、連結経営の場合は共倒れの可能性もあるために、総合的に見定められるのです。

連結経営は連帯責任

連結経営した企業は規模が大きいからこそ、経営が難しいといわれています。

資本力があり、安定したイメージのある連結経営。実は1社の単独経営より難しいといわれています。とくに親会社が事業を行っている場合、本業を継続したまま傘下の会社を管理するのは並大抵のことではありません。もし、2社間で利害対立が発生したら、力関係の弱い傘下の会社が不利になるからです。そこで、**親会社は事業を行わず、全体の調整役に回る純粋持株会社になるケースが増えてきました。**ただ、親会社が事業をしないことで、かえって傘下の会社の現場事情を理解しにくいといったことが起きます。そのような事態を避けるために、傘下の会社の経営者を純粋持株会社の役員にするなどして、意思疎通を図っていることが多いのです。

純粋持株会社とは？

123

07 連結財務諸表のしくみ

グループ内の財務状況を合算して作成する連結財務諸表は、
グループ内取引・関連会社持分などの調整をします。

連結財務諸表は、グループ全体の財務状況を明らかにしたものです。この表は各会社で個別財務諸表をつくったうえで、それぞれの科目ごとに合算します。ただ、**連結財務諸表で見るべき点は、社外取引によるお金の動き**です。親会社が子会社に商品を大量に売りつけて莫大な利益を上げたとしても、グループ全体で見ればプラスマイナスゼロですから、記載する必要はないのです。そのため連結財務諸表では、社内取引を省いて作成するのが原則となっています。

単なる合算ではない連結財務諸表

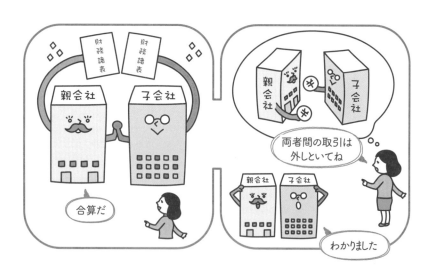

親会社と子会社は財務諸表を合算したのち、両者間の取引だけ外して記載するのがルールとなっています。

連結財務諸表で財務状況のすべてを**合算**するのは、子会社（親会社が議決権のある株を50%以上保有している会社、あるいは実質的に支配している会社）だけです。関連会社（親会社が議決権のある株を20%以上保有しているか、実質的な影響力が大きい会社）の場合は、**持分法**を適用します。これは、**関連会社の純資産・損益のうち、親会社の株式の持ち分に応じて算出した金額を、連結財務諸表に加えるというやり方**です。たとえば、親会社が関連会社の株式を20%保有していた場合、20%の純資産・損益を帳票に載せるということになります。

関連会社は持分法を適用

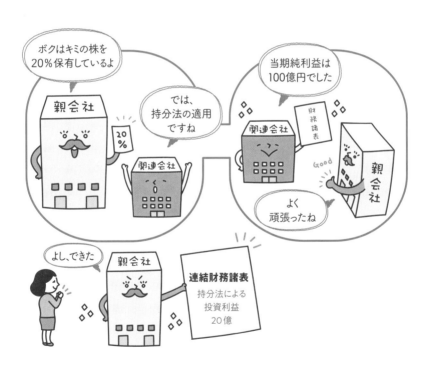

親会社は関連会社の純資産・損益のうち、 持株の割合に応じた金額を、 連結財務諸表に記載するのがルールとなっています。

費用が資産になる
繰延資産ってなに？

　会社には永続的に事業を行っていくことが求められるので、将来の利益を獲得するためにはさまざまな施策が必要になります。そのための費用として計上されるのが、開発費や試験研究費などです。また設立当初の創業費・開業費も確かに費用ですが、将来利益を生み出すものなので、資産として捉える必要があります。

　これを繰延資産と呼び、貸借対照表の資産の部で計上することができます。償却期間は費用によってさまざまですが、おおむね3年から5年となっています。

　ちなみに、繰延資産の償却の仕方に似たものとして減価償却があります（P.117）。これは事業の固定資産について、年数に応じて取得価額を分割して計上するものですが、繰延資産は固定資産のように価値が減少しません。

　ただ、資産として計上し、数年にわたって償却して経費扱いにするという意味では、減価償却とよく似ています。

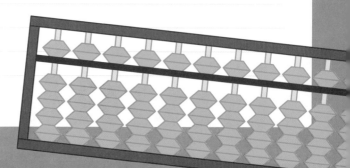

決算書で企業分析

企業分析をする際に必要とされる
「収益性」「安全性」「成長性」の３つの視点。
それらは決算書から読み解くことができます。

01 企業分析で必要なポイント

財務3表の内容を深く読み解くことで、
会社の状況をくわしく分析することができます。

財務3表は、会社の財産・収益・お金の流れといったものを表しています。つまり、これらを読み解くことによって、その会社の経営状態を分析することができるのです。そのためには、まずどのような視点から分析するのかを理解しておかなければいけません。それは**売上と利益を見る「収益性」、経営がしっかりしているかという「安全性」、今後も成長するかという「成長性」の3点です。**

企業分析するための3つの視点

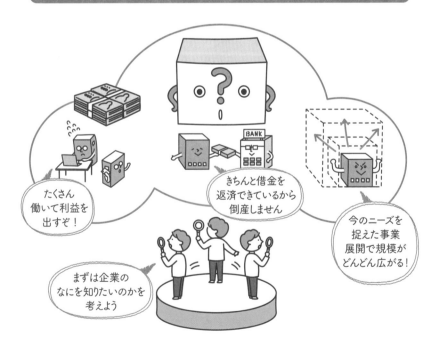

たくさん働いて利益を出すぞ！

きちんと借金を返済できているから倒産しません

今のニーズを捉えた事業展開で規模がどんどん広がる！

まずは企業のなにを知りたいのかを考えよう

視点が決まれば、次は**企業分析**の方法です。これは大別すると4つあり、1つ目が実数分析です。売上規模・利益・資産額など、財務諸表の実数値を見ることで、会社の規模を理解できます。2つ目は比率分析です。売上に対して利益がどれくらいあるのか、流動負債に対して流動資産はどれくらいあるのか、また自己資本比率はどのくらいなのかなど、さまざまな分野の割合を見て判断します。3つ目は時系列分析で、過去と現在の数値を比較することでその変化を把握します。**経営において改善された部分や、悪化している部分が見えてきます**。4つ目は他社比較分析です。同業他社の財務諸表と比較して、相対的に状況を判断します。

4つの方法で企業を分析

損益計算書
売上高 100000
売上原価 50000
売上総利益
50000

キャッシュフロー計算書
税引前当期純利益 +
減価償却費 +
営業活動による
キャッシュフロー10000

貸借対照表

資産	負債
	純資産 資本金 4000
合計 100000	100000

分析には
4つの方法が
あるのか

実数分析

この商品は
100円で20円の利益
つまり売上高利益率
20%だ

他人資本
2000

自己資本
8000

自己資本比率80%

自己資本比率
総資本に対する
自己資本の割合

売上高利益率
商品の売上に
対する利益の割合

比率分析

負債が多くて
返済が大変
だったけど……

負債を
ほとんど
返済した

たまには
お金を
借りてよ

BANK

3年前　　　　現在

時系列分析

B社の財務
3表見せてよ

見て驚くなよ

A社　　　B社

他社比較分析

企業の収益性を読み解く方法

収益性を見るときは売上・粗利率はもちろんですが、
販管費を反映した営業利益率が最重要になります。

会社はまず、製品・商品・サービスを売らなければなにもはじまりません。当然ながら、会社にとって売上はとても大事なものです。しかし、売上の多さが収益性の高さに直結するわけではありません。**販売しているものがいくらで仕入れたものなのか、あるいはつくるのにどれだけコストがかかっているのかによって、売上総利益率が変わってくるからです。**せっかく製品・商品・サービスが売れても、利益が少なければ儲けは少なくなります。

売上と収益性は直結しない

だんご 100円

和菓子

ケーキ ¥300

CAKE

100円でも
当店のほうが
儲かっている

洋菓子店のほうが
ケーキ1個300円だし
儲かっているのかな

ケーキも
美味しいよ

どちらの店も
同じくらい
盛況だ

団子
売り値
100円

団子1個の
原材料費
10円

100円 -10円＝90円の利益

ケーキ
売り値
300円

ケーキ1個の
原材料費
220円

300円 -220円＝80円の利益

当然のことですが、販売には手間がかかります。場所代・人件費・宣伝費など、決して少ない額ではありません。もし、売れ残って廃棄するようなことがあれば会社の損失になり、販管費やロスは売上総利益の中から支払われます。一方で会社の事業が儲かったのかどうかについては、**営業利益率**を割り出さなければなりません。

> **営業利益率（%）＝営業利益÷売上高×100**

ただ、**売上総利益率や営業利益率などは、業種・業態によってその指標が変わるので注意が必要です。**

企業分析で大切なのは営業利益

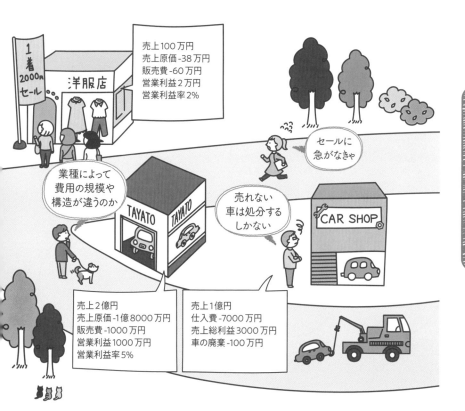

03 投資家の指標 ROAってなに？

営業活動は会社の資産を使用して行うため、
資産に対する利益の割合は重要な指標になります。

会社が1年間で生み出した利益は、どのくらいの財産によってもたらされたのかを示すのが**総資産利益率**です。「投下資本に対する利益」を意味するROA（Return On Asset）と略されており、株式投資をする際の指標にもなっています。

> 総資産利益率（％）＝当期純利益÷総資産×100

総資産利益率を見れば、企業が総資産をいかにうまく使って利益を生み出しているのかがわかります。

ROAで資産の活用と利益を知る

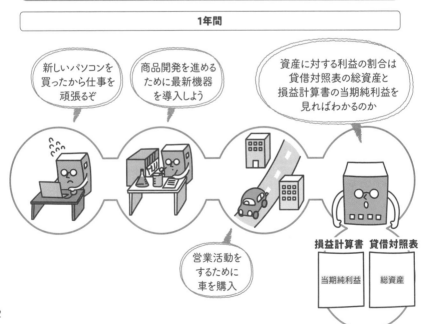

1年間

新しいパソコンを買ったから仕事を頑張るぞ

商品開発を進めるために最新機器を導入しよう

資産に対する利益の割合は貸借対照表の総資産と損益計算書の当期純利益を見ればわかるのか

営業活動をするために車を購入

損益計算書　貸借対照表

当期純利益　総資産

「儲け」という観点だけで会社のよし悪しを判断するのであれば、営業利益率だけでもおおよそのことはわかります。しかし、投資家はさらに厳しい目で会社を見ているのです。大きな資本がある大手企業であれば儲けを出すためにさまざまな手を打てますが、小さな資本しかないのに儲けを出せていれば、その会社の経営効率は非常に高いということになります。すなわち、経営のノウハウを持っていると判断できるわけです。**株主目線でいえば、ROAは資産に対する利益の割合なので、これが高いということは投資に対して大きなリターンが期待できるということになります**。経営者が資産を効率よく使っている会社に、投資家は注目するのです。

ROAは投資家たちの指標

04

ROAでは総資産の運用に注目

総資産回転率を上げるように工夫をすれば、
ROAが改善されて経営状態がよくなります。

総資産利益率の改善は、すなわち経営状態の改善です。ですから、総資産利益率を上げる工夫はとても大切といえます。そのためには、**総資産回転率**（総資産回転率＝売上高÷資産）に目を向けることが必要です。これは、**会社が1年間に資産の何倍の売上を出せたかを表します**。たとえば、A社が資産1億円を使ってオモチャをつくり販売したとしましょう。オモチャは売り切れて2億5000万円の儲けが出ました。このとき、総資産回転率は2.5回転になります。この数値が高いほど効率的な経営ができていることになり、資産運用の見直しを行う際にチェックするべき項目なのです。

経営改善に有効な総資産回転率

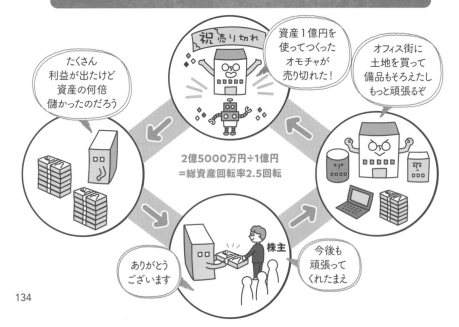

利益率の改善のためには、仕入コストや販管費といった項目の再検討が必要になってきます。製造業なら原材料費や加工費などを中心に、小売・卸業なら仕入れ方法やルートなどを調べ直して、クオリティを落とさずコストダウンを図るのも戦略のひとつです。**コストは必ずしもカットしなければならないというわけではありません。変えられる部分を変えるという方法も、検討材料になります。**このように売上高を増やすだけではなく、1つひとつを細かくチェックして見直しの努力を積み重ねていくと、費用の削減効果も大きなものになってROAが改善されていくのです。

コスト削減でROAを改善

05

株主の指標 ROEってなに？

株主は投下資本に対する還元を重視するので、
会社は効率的な純資産の活用を求められます。

総資産利益率のROAに対し、ROEという言葉もあります。ROEは（Return On Equity）の略で、株主が投資した金額に対し会社がどれだけ利益を出したのかの数値、**自己資本利益率**を表します。

> **自己資本利益率（％）＝当期純利益÷自己資本×100**

たとえば、総資産が10億円で、当期純利益が1000万円のG社とB社があるとします。G社は自己資本（純利益）が1億円、B社は5億円です。この場合、G社のほうが少ない自己資本で多くの利益を出していることになります。

ROEは投資の判断材料に有効

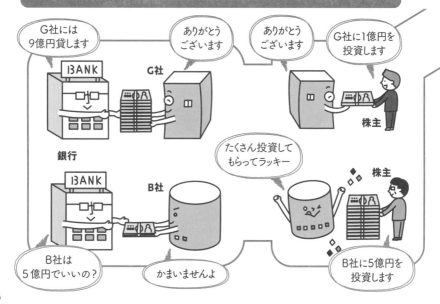

ROAは総資産に対する利益を表した指標なので、負債も含まれます。一方のROEには負債が含まれていないために、純資産だけが対象になります。つまり、**この値が高いと株主から見てより効率的な経営がされているということになります。少ない資本で大きな利益を上げているということは、株主にとっては少額投資でリターン（配当）が大きくなるということ。** そのため多くの株主が、ROEを投資の判断材料のひとつとして用いているのです。業種・業態にかかわらず、ROEの基準はおおむね8%といわれています。

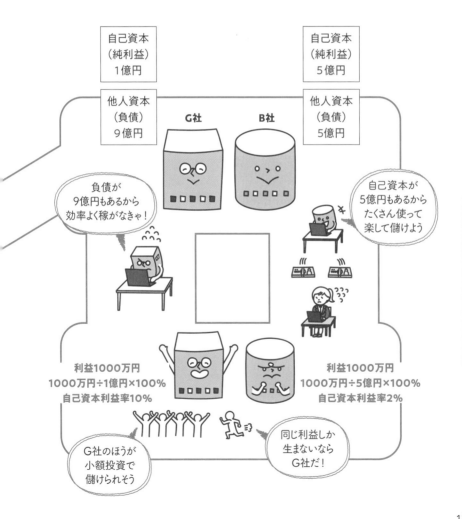

06 安定した会社でも総資産回転率が低いのはなぜ？

総資産回転率が高い会社ほどお金を儲けているといえますが、実は低くても安定している会社はたくさんあります。

P.134で解説した通り、総資産回転率が高い会社ほど株主にとっては大きなリターンが期待できます。すなわち、しっかりと利益を出している会社といえますが、一方で**総資産回転率**が低い会社が安定していないというわけではありません。ひとつの例として、老舗のゲームメーカー・任天堂の総資産回転率を見てみましょう。

> 売上高1,055,682÷資産1,633,748=総資産回転率0.6回
> （単位は100万円）

おおむね1回が標準とされている総資産回転率が、なんと0.6回しかないのです。

多額の総資産を保有する任天堂

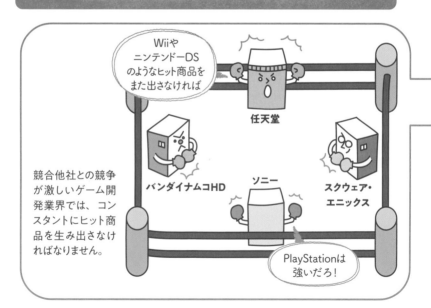

WiiやニンテンドーDSのようなヒット商品をまた出さなければ

任天堂

バンダイナムコHD

ソニー

スクウェア・エニックス

競合他社との競争が激しいゲーム開発業界では、コンスタントにヒット商品を生み出さなければなりません。

PlayStationは強いだろ！

しかし、任天堂が生産性の低い経営をしているわけではありません。任天堂の貸借対照表を見ると、過去から現在までの好業績により、多くの資産が蓄えられているのがわかります。

（単位は100万円）

また、任天堂は総資産のうち「現金及び預金」が7445億5500万円もあります。総資産利益率（ROA）は、すべての資産に対してどれだけ利益を出せたかを表す指標です。つまり、**これだけ膨大な総資産を抱えている会社の総資産回転率が小さくなるのは当然といえます**。このように、資産の内訳を確認することで、総資産回転率の低さが合理的なものかを判断することも企業分析には大切なのです。

※数値は2018年のもの。

現にWiiやニンテンドーDSがヒットした後、任天堂の業績は落ち込みました。 しかし、 多額の現預金のおかげで商品開発を続けられたのです。

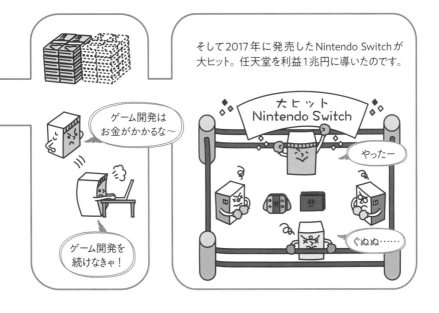

07 負債の力で会社に勢いをつける

「借金」は会社本来の体力を超えさせる、
強力な栄養ドリンクのようなものです。

一般的には「無借金経営」の会社が評価され、「借金のある会社」はいいイメージを持たれていません。しかし、会社の手持ち資金が少ないと、小さな利益しか獲得できません。もし、借金をして利息を払うことになったとしても、それ以上の利益が出れば会社は儲かるのです。負債のことを、英語では「てこ」という意味の**レバレッジ**といいます。これは、**負債を使って大きな利益を得ることを、小さい力で重いものを動かす道具にたとえているのです。**

借金の力で会社を元気にする

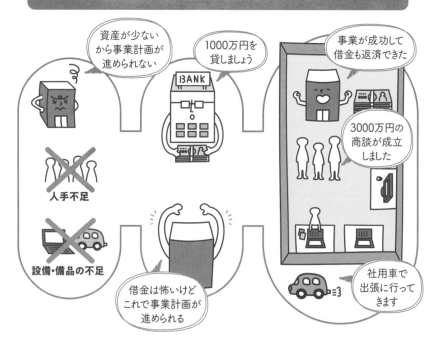

借金で手持ち資産を増やし、大きな事業を行ってたくさんの利益を得られれば、自己資本利益率が高まります。なぜなら、投資による自己資本（純資産）を増やさずに、当期純利益を増やすことができているからです。言い換えれば、**ROEの改善には借金をして、事業規模を拡大する方法があるということなのです**。このように、借金は会社の体力以上の事業拡大を実現してくれますが、もちろんリスクもあります。不況で売上が上がらないときは、支払利息が重くのしかかり、返済ができなくなると倒産しなければなりません。経営環境を見ながら、適切な借金をすることがポイントといえるでしょう。

借金にリスクはつきもの

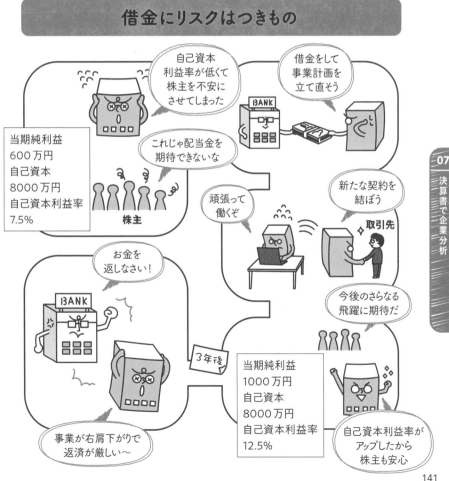

08 自社の財務状況を知ろう

従業員は会社の安全性などの財務状況について、
指標を読むことができれば安心して働くことができます。

会社の経営は経営者の仕事であり、投資するのは株主の仕事です。お金を貸すのは銀行で、仕入先や販売先などもお金の動きにかかわっています。ですから、彼らは会社の財務状況をくわしく知ろうとするのです。これは従業員にも同じことがいえます。彼らは会社の経営にはかかわりません。しかし、**自分が勤めている会社の財務状況を知ることで、適切な判断をして効率的に能力を発揮することができるのではないでしょうか。**

従業員が財務状況を知る重要性

経営者をはじめボクにかかわる株主、銀行、仕入先も財務状況が気になっています

今後も取引してくれるか気になる

仕入先

お金を貸します

銀行

BANK

引き続き投資します

株主

one point

中小企業は決算書を開示しないところが多い一方で、上場企業などの大企業は株主の信頼を得るために、財務状況を開示する義務があります。

従業員

経営にはかかわらないけど財務状況を知りたい

自社の実態を理解すれば働き方にも活かせる

従業員が知っておくべき会社の財務指標は、部署や仕事内容によって変わることもありますが、主に売上高・売上総利益・経常利益・手元資金の流動性・流動比率・自己資本比率・営業キャッシュフローといった項目でしょう。これらは、**会社の安全性**や規模、勢いを表す指標です。こういった数値を把握していれば、会社の強みや弱みが見えてきますから、それに対して自分はなにをすべきかということがわかってくるのです。当然、仕事に対する取り組み方が変わってくるでしょう。また、会社の経営状態に対する危険性が見えてくるため、万一の際に備えておくことができます。**転職の際にも決算書が読めれば、安全な会社を選ぶことができるのです。**

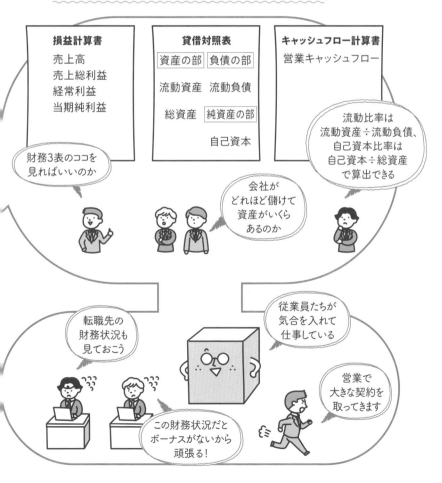

143

給与はどうやって決めているの？

給与は付加価値の中から配分されますが、
株主と相反関係にあるので簡単には決まりません。

一般的に給与額は会社の状況にかかわらず、物価水準や生活水準といった外的要因に左右されていると思われがちです。しかし、実際は収益性と密接なかかわりがあります。**給与は人件費で、それは付加価値から支払われています**。付加価値とは、売上から材料費・外注費・交通費・消耗品費などの外部調達費を引いたもの。たとえば、自転車のメーカーなら自転車の売上から、他社から仕入れたペダルやチェーン、タイヤなどの材料費、運搬費用などを除いたものが付加価値になります。

給与のしくみ

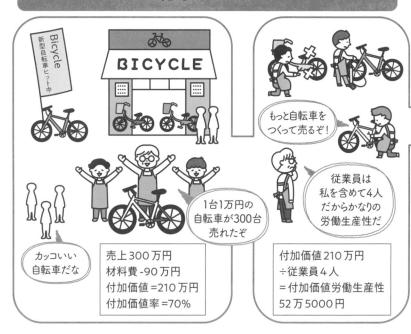

もっと自転車を
つくって売るぞ！

1台1万円の
自転車が300台
売れたぞ

従業員は
私を含めて4人
だからかなりの
労働生産性だ

カッコいい
自転車だな

売上 300万円
材料費 -90万円
付加価値 = 210万円
付加価値率 = 70%

付加価値 210万円
÷従業員4人
= 付加価値労働生産性
52万5000円

付加価値が売上に占める割合を**付加価値率**といいます。

> ## 付加価値率（%）＝付加価値÷売上×100

この数値は高いに越したことはありませんが、これに加えて付加価値を生み出すのに、どれだけの人手が必要だったのかがポイントになります。そのために、社員ひとりあたりの付加価値の生産性を示す**付加価値労働生産性**があるのです。

> ## 付加価値労働生産性＝付加価値÷労働量

しかし、付加価値のすべてが給与になるわけではありません。**会社は借金の返済や税金、株主への配当などを支払うのに加えて、将来のために貯蓄もしなければなりません**。付加価値は会社におけるさまざまな費用にあてられて、ようやく私たちの給与が決定します。

10 実は影響が大きい 退職給付会計

1998年以前の制度では将来の損金となる退職金を、
帳票から正しく把握できませんでした。

退職金は、従業員が退職する際に支払われるものです。その捉え方はさまざまですが、会計学上では従業員の働きに対する報酬、言い換えれば従業員が会社に利益をもたらしたことに対して発生した費用と解釈します。要するに、給料と同じ性格のお金なのですが、支払い時期がずっと先になることが大きな違いといえるでしょう。<u>お金の動きと費用の発生時期に大きな差異ができるので、正しく計上しなければ混乱する恐れがあるのです。</u>

将来的な費用となる退職金

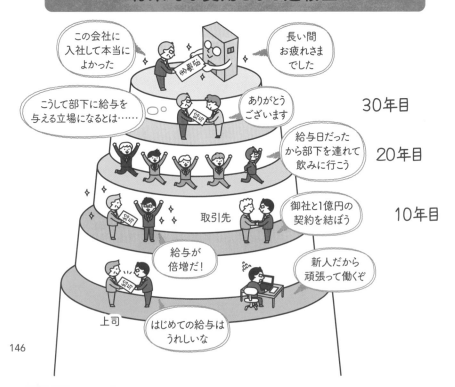

財務において退職金は、費用という考え方ではなく、将来的に減少するお金という位置づけです。ところが、1998年以前の会計制度では支払うべき退職金の額が明確ではなかったため、いずれ確実に減少するお金なのに財務諸表には表されませんでした。そのために、将来会社がどの程度お金が必要かという予測の精度が落ちたり、退職金として必要なお金が準備されていなかったりというケースが発生しました。これでは、財務状況をきちんと管理できているとはいえません。そこで、**退職金を負債として計上するように改められました。**これによって、退職金は将来の支払義務としてわかりやすく財務諸表に載せられるようになったのです。

退職金が費用科目に載る理由

退職給付引当金は どうやって決めるの？

退職金は会社が従業員に将来支払う給与ですから、
それに備えてお金を計上しなければなりません。

退職給付引当金は、従業員が退職する際に支払う退職金を賄うもの
です。将来に支払うお金ですから、退職給付見込額になります。**この数値は、予想昇給率・退職率・死亡率・割引率などを加味し、年金数理人という専門家が算出します**。ただし、ここで出された金額のすべてが
退職給付引当金にはなりません。なぜなら、従業員が退職年齢に達
していないからです。財務諸表は1年間、あるいは決算日について
書かれたものですから、将来の予定までは載せられません。対象と
なる従業員が働いた期間に相当する退職金に、時間価値も加味して
現在価格に割り引いたものが退職給付債務になります。

退職給付引当金の算出方法

そろそろ
部下たちの退職金
を考えておこう

部下
勤務15年

経営者

来月に退職
しますのでお世話に
なりました

30年分の
退職金しか
計上してない！

数日後

年金数理人が
退職給付見込額を
出してくれるから
楽ちん

予想昇給率と
死亡率を加味して
ふむふむ……

| 予想昇給率 |
| 退職率 |
| 死亡率 |
| 割引率 |
| その他 |

年金数理人

30年分の退職金

退職給付見込額は30年
分の退職金なので、部
下が15年しか働いていな
い場合は、15年分の退
職金に時間価値も加味し
なければなりません。

しかし退職給付債務も、そのまま退職給付引当金になるわけではありません。退職金については、その支払いの一部を担うために年金資産の積み立てが行われています。実際に退職金を支払うときは、時価評価した年金資産を差し引かなければなりません。年金資産は企業が外部の金融機関などに積み立て・運用しているものなので、時価評価をすることで運用実態を把握できるというメリットがあります。これらのことから退職給付引当金の算出方法をまとめると、**まず退職給付見込額をベースにして、従業員が将来にわたって働く分を退職金の未発生分として差し引きます。ここから、時間価値を考慮して現在価格に割り引き、年金資産の時価評価額を引けば退職給付引当金が出てきます**。複雑な計算を行ってきましたが、最終的に財務諸表に載るのは退職給付引当金だけになります。そのため、より正確な処理が求められるといえるでしょう。

退職給付引当金で注意すること

12 大手企業でも倒産する理由

手持ちのお金がなくなることで会社は倒産しますが、
それは会社の規模に関係なく発生します。

赤字になると会社が倒産するといわれますが、赤字が倒産の直接原因になることはありません。赤字とは損益計算書の当期純利益がマイナスの状態を指し、会社が儲からなかったということです。まだ手持ちのお金があるのなら、新たに製品をつくったり商品を仕入れたりして事業を続ければよいのです。**仮に黒字でも、資金繰りが困難になれば事業は継続できません。**支払いが滞れば事業を停止して法的整理を行うことになります。すなわち、それが倒産です。

倒産の原因は赤字でなく資金繰り

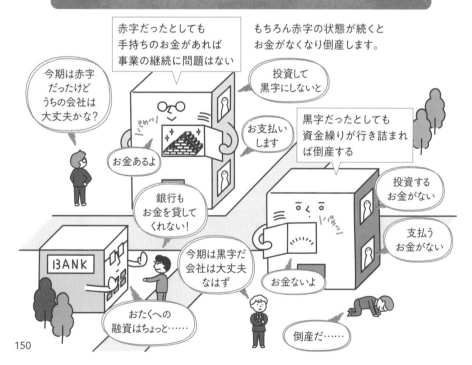

お金がなくなって支払いができなくなるのは、会社が小さいからではありません。大きな会社でも、同様のことが起きて倒産に至った例はいくらでもあります。売上が悪いというのはある程度実感できますが、利益やお金の状態はよくわからない場合があります。そこで、財務諸表をチェックすることが必要になるのです。会社に投資する人・お金を貸す人・取引する人などは、会社が倒産すると損害を被るので、必ず財務状況をくわしく調べます。**言い換えれば、財務諸表を細かくチェックすれば問題が見つかって改善できますから、ある程度倒産を防ぐことが可能になるということです**。要するに、会社にも定期的な健康診断が必要なのです。

財務諸表を見ることで問題が見つかる

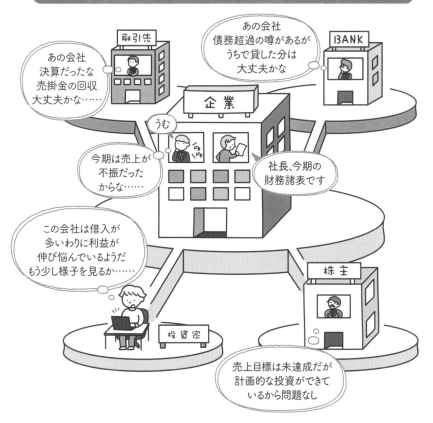

13 会計の力で 中小企業が変わる

外部に向けた財務会計も大切な帳票ですが、
会社の状況を把握するには管理会計が必要です。

財務会計は主に外部に向けたものなので、過去の業績を振り返って
事業の状況を明らかにします。これに対して、会社の将来設計に役
立てるのが管理会計です。ポイントとなるのは、**限界利益**を把握す
ること。限界利益とは、売上高から変動費を引いたものです。

限界利益 = 売上高 - 変動費

たとえば、1個1万円の商品があります。その商品をつくって販売
するために必要な変動費が6000円かかると、限界利益は4000円で
す。つまり、この数値が高いほど会社の利益は多いといえます。

損益分岐点を見極める

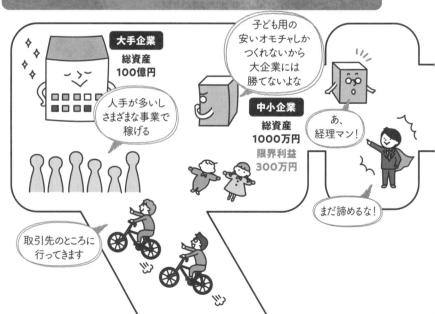

限界利益を改善するためには、変動費を抑えることが必要です。変動費を見直し限界利益が高まれば、売上がそれほど確保できなくても安定した利益が得られていることになります。また、会計学では利益と費用の額が等しくなる売上高、または販売数量を示す「損益分岐点」という指標があります。

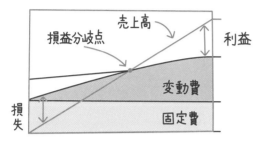

損益分岐点を上回っている事業は儲かっている、逆に下回っているなら損をしていることを意味します。後者の場合には事業の撤退を考えなくてはなりません。こういった管理会計独自の概念を理解して読み解くことができれば、中小企業であっても経営管理レベルを格段に向上させることが可能です。

14

経営破綻に陥った JALの財務3表①

JALが経営破綻に陥った際、財務諸表の会社の安全性を示す指標が、すべて典型的な悪化傾向を示していました。

JALは半官半民で運営されていた、日本航空業界で最大規模の企業です。それが2010年会社更生法の適用を受け、上場が廃止されました。いわゆる、「倒産」に至ったわけです。その理由としては、JASの合併などにより、一挙に「不採算路線」「機材」「人員」などが増加し、高コスト体質になったことが挙げられています。その後、リストラや機材整理を行いましたが、売上が伸び悩み、十分なコストダウンは叶いませんでした。航空業界におけるJALの位置づけもありますが、**経営環境に適合した財務状況に改善できず、結果として破綻せざるを得なかったのでしょう。**

JALの経営破綻

リストラして軽量化しましたがまだエンジンに燃料が足りずこれ以上飛べません

あ〜楽ちん

合併したJASが重いのでは……?

サヨウナラ〜

リストラか…

おたくが墜落（倒産）したら大変だ。とにかく燃料（お金）を入れろ！

倒産前数年の財務諸表を見ると、さまざまな**破綻の予兆**が見えてきます。2008年度の貸借対照表では現預金が大きく減少しています。長期借入金（有利子負債）は減少傾向にあるものの、その金額はかなり多いものでした。破綻直前の2009年は短期借入金が急増しています。すでに、資金繰りがひっ迫していたのでしょう。純資産も大きく減少し、とくに株主資本は極端に少なくなっています。これらから導き出される指標も、自己資本比率と流動比率が大きく低下しました。**本業が不調なため営業キャッシュフローはマイナス。投資キャッシュフローもマイナスですが、これは毎年投資が必要であることを表しています**。財務キャッシュフローでは、長期借入金の返済に追われていることが明らかです。このように、会社の安全性を記す指標がすべて悪い方向を指すような状態になり、最終的には9500億円もの債務超過に陥ったのです。

債務超過とは

純資産の部がマイナスとなった状態のことを債務超過といいます。この状態になると銀行や取引先から信用を得られなくなり、通常は事業を続けることができません。

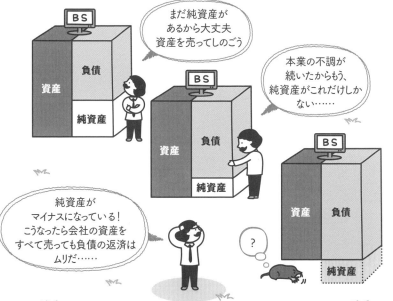

まだ純資産があるから大丈夫
資産を売ってしのごう

本業の不調が続いたからもう、純資産がこれだけしかない……

純資産がマイナスになっている！こうなったら会社の資産をすべて売っても負債の返済はムリだ……

15 経営破綻に陥った JALの財務3表②

JALが経営破綻した要因は有利子負債の増大と、
低い粗利率で利益の確保ができなかったためでした。

JALを倒産に追い込んだのは、**有利子負債**の増大です。これについては破綻以前から対策をしていましたが、長期借入金を返済して短期借入金を増やすような状態だったので、あまり意味がなかったのです。結局、更生計画で借入金を6分の1に圧縮して有利子負債の悪夢から逃れました。JALがもうひとつ圧縮したのは固定資産です。資産は会社の財産ですから、破綻しそうなときにお金に換えれば運転資金に回せます。しかし、施設・機械・装置などはJALにとって商売道具です。ただ、**古いものや使えない大型機などの整理をして効率化を図ったので、経営状況が改善しました。**

JALがとった再生のための施策

2010年1月に経営破綻し、同年2月には上場廃止となりましたが、
売上原価を大幅に圧縮して約1年後に再生を遂げています。

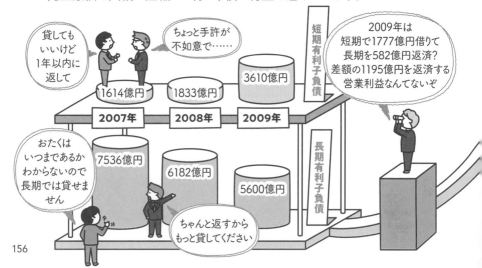

もうひとつ大きな問題とされていたのは、**低い粗利率**です。航空会社の場合、売上原価に乗務員人件費・航空燃料費・整備費・機材費などが含まれるため、もともと粗利率が高いというわけではありません。しかし、破綻前のJALは同業のANAと比較しても、5ポイント以上粗利率が低い状態にありました。また、再生後は赤字路線などを整理しており、売上規模が3/4程度にまで縮小しています。**ただちに粗利率を改善しなければ、すぐに赤字になる危険性をはらんでいたといえるでしょう。** そして、全従業員数の30%にあたる1万8000人を削減するという大規模なリストラを断行するなどして、売上原価を圧縮したことで粗利率を破綻前の2倍程度にまで改善しました。結果、営業利益・当期純利益も確保できるようになったのです。このような思い切った施策を実行したことで、JALは高コスト体質から脱却して健全な経営に軌道を修正することができました。

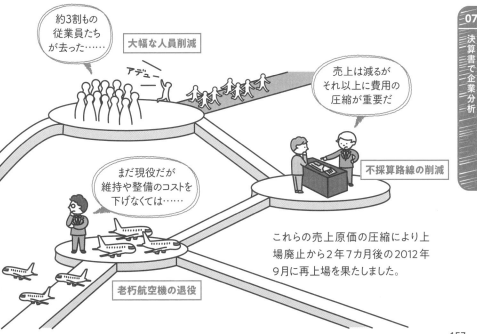

ドリンクバーは
なぜ儲かるのか?

　ドリンクバーは、1回250円〜300円程度で利用でき
ます。食事とセットであれば、200円程度のお店もあり
ます。このような低料金で、果たして儲けは出ているので
しょうか。もともと、飲食業は物販などより粗利率が高く
設定されています。なぜならば、単価の低さと原材料の
廃棄ロスが多いからです。さらに、昨今では労働力確保
が難しくて人件費が高騰しています。ですから、一般的に
原価率が50%を切る会社がほとんどなのです。

　そんな中、ドリンクバーの平均原価率は20%ほど。安
いものなら5%しかありません。しかも、セルフサービスだ
と人件費も少なくて済みます。しかし、単価が安いので
単独では粗利額が稼げません。そこでほかのメニューと
セットにするわけです。これなら割安感と儲けがいっぺん
に入ってきます。ファストフード店などが、ドリンクとセット
のメニューを売りたがる理由もここにあるのです。

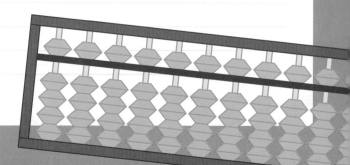

8

成長する企業の決算書

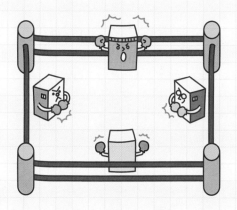

あの企業はなんでここまで急成長できたのか!?
実際の企業の決算書から、
その秘訣を読み解いていきましょう。

01 会社はどうやって成長するのか

会社は事業を拡大して成長を続けていきますが、
その理由を正しく把握しておくことが大切なのです。

会社の成長方法には、大まかに分けると2パターン存在します。ひとつが、自社が自らの売上を上げていくことで、少しずつ経営規模を拡大して成長していくパターン。自社の資産＋負債（借入金）を用いて資産以上の売上を生み出し、その差益分をさらに資産として投入して拡大……という繰り返しです。このサイクルのことを**有機的成長**と呼びます。もうひとつが、他社を買収・合併することで成長するパターン。この成長法を「M&A」と呼びます。同業種の企業を買収すれば資産は拡大しますし、他業種の企業を買収すれば幅広い分野に拡大できます。一方で買収には多額の費用を要します。つまり、**M&Aは有機的成長をお金で加速させる方法ともいえるのです。**

企業の成長の2パターン

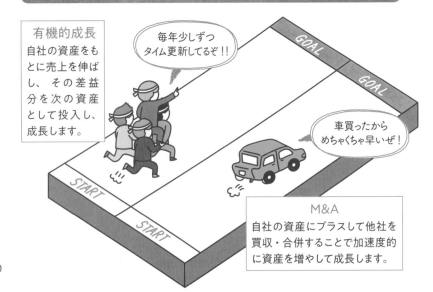

有機的成長
自社の資産をもとに売上を伸ばし、その差益分を次の資産として投入し、成長します。

毎年少しずつ
タイム更新してるぞ!!

車買ったから
めちゃくちゃ早いぜ!

M&A
自社の資産にプラスして他社を買収・合併することで加速度的に資産を増やして成長します。

また、企業の成長を促す要因も存在します。それが**内部要因**と**外部要因**です。成長率を分析するうえで「売上や利益がどれだけ伸びたか」という数字に注目しがちです。しかし、もっと大切なのが「なぜ会社の売上や利益が伸びたのか」という点です。そこで見るべきは内部要因と外部要因。内部要因とは、文字通り会社の「中」に要因（理由）が存在するということ。たとえば、管理コストを削減した、今までにない商品を開発してシェアを上げた、などです。対する外部要因とは、会社の外に要因が存在するということです。アベノミクスで景気がよくなった、健康ブームで野菜やサプリメントの売上が伸びた……といった例が挙げられます。**言い換えれば、制御可能な要因を内部要因、制御不可能な要因を外部要因と呼びます**。また、新技術を開発しても、社会にブームやニーズがなければ売れないように、成長するうえでこの2つの要因は互いに関連し合っています。

会社が成長する理由にも2種類ある

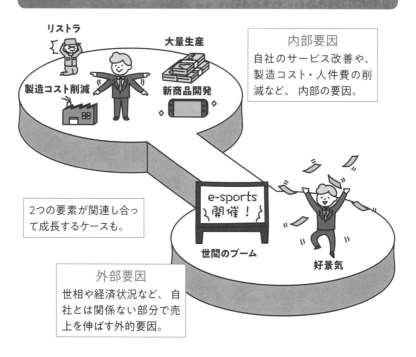

リストラ

大量生産

製造コスト削減

新商品開発

内部要因
自社のサービス改善や、製造コスト・人件費の削減など、内部の要因。

2つの要素が関連し合って成長するケースも。

e-sports
開催！

世間のブーム

好景気

外部要因
世相や経済状況など、自社とは関係ない部分で売上を伸ばす外的要因。

02 なぜユニクロは
成長できたのか①

ユニクロは多店舗展開で事業を大きくしていますが、
近年は海外出店が拡大の原動力になってきています。

アパレル業界はお世辞にも好調とは言い難い状況が続いています。
そのような中で、ユニクロはこの5年間（'18〜23年）で売上を
32.1％も伸ばしました。一時期は新型コロナウイルスの影響を受け
て売上を落としていたものの、それを乗り越えて飛躍したのです。
これは店舗数の増加が主な要因です。さらに特徴的なのは、近年の
国内店舗売上高進捗は鈍化しているものの、**海外店舗**の伸び率が非
常に高いこと。**'16年には海外店舗数が国内店舗数を上回り、'23年に
はユニクロの売上の61.7％を海外事業が占める結果となりました。これは
5年前と比べると10％以上高い数値です。**

ユニクロの海外進出戦略

'16年には海外店舗数が国内店舗数を上回り、それ以降、海外店舗数は増加し続けて
います。

ユニクロ店舗数の推移　■国内店舗 ■海外店舗

2014　2015　2016　2017　2018　2022　2023

国内外での成長率・利益率の違い

	売上平均成長率	営業利益率 （'18年）	営業利益率 （'23年）
国内	2.9％	13.7％	13.2％
海外	60.3％	13.2％	15.8％

儲けにあたる営業利益の上昇率を見ると、売上の上昇率よりも数値がかなり低くなっています。アパレル業界ではユニクロに限らず、全般的に固定費が営業利益を圧迫する傾向が強いといわれているので、このような状況になることも珍しくありません。加えて、ユニクロでは店舗が増えたことにより、販売に人手が必要になったことや在庫が膨らんだといった事情もありました。また、海外店舗が増加したことも原因だと考えられます。'18年〜23年の国内事業売上の成長率は+2.9%。これに対して、海外事業は＋60.3%になります。ところが、'18年の営業利益率は国内事業、海外事業ともに13％台という結果に。これは、海外事業で販管費が多くかかっているためです。**売上を牽引している海外店舗ですが、一方でその販売コストも膨らんだため、営業利益が売上に比べて緩やかだったのです。**

国内事業の場合

生産・流通・販売にかかるコストが少なく、これまでのノウハウも100％活かせます。売上が低くても利益率は高いです。

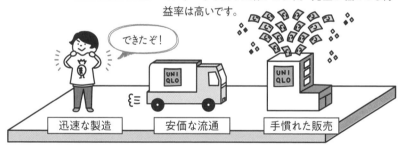

海外事業の場合

言語、人件費、距離、ノウハウのなさなどの障害が多く、売上は高いものの利益率が低いです。

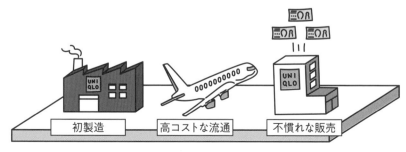

03

なぜユニクロは
成長できたのか②

資産と売上の成長バランスはよくないのですが、
自己資本比率が上昇し、財務健全性は高まっています。

売上に対して営業利益の伸び率が低いユニクロですが、それでもこの成長率は驚異的です。当時のアパレル業界の平均売上成長率が1%前後を推移する中で、年率の売上成長率を32.1%まで引き上げたのは、海外進出のほかにユニクロの内部要因があります。ユニクロはSPAというビジネスモデルを採用しています。これは自社で商品の企画開発、製造、販売を手掛けるもので、業界の最大手4社（ZARA、H&M、GAP、ユニクロ）すべてが採用する方法です。**自社で全てを賄うことで、製造、輸送などの中間コスト削減や、商品の価格決定権を獲得しました**。これにより効率的な商品提供とシェア拡大を実現したのです。

ユニクロのSPA ってなに？

生産部
企画部からきたデザインや素材をもとに、大量生産および生産工場の品質管理を行う。

マーケティング部
販売部や消費者からの声を聞き、販売方法や次のニーズを探り、企画部へ反映させる。

販売部
店舗での販売、オンラインストアの管理、在庫管理、カスタマーセンターの対応などを行う。

企画部
新商品の開発、素材の調達などを行い、パタンナー・デザイナーにサンプルをつくらせる。

ユニクロの成長戦略は、小規模なM&Aもありますが、基本的に**自力成長**によるものです。つまり、資産をもとに売上を伸ばし、差益分を資産として再投入して拡大……というサイクルです。事実、ユニクロは海外戦略を本格的に開始した'10年からの5年間で、総資産、純資産ともに年率20％強を保ちながら成長しました。しかし一方で、当時の売上成長率は15％強に留まっています。つまり資産に対して売上の成長率が伴っていなかったのです。**ただしこれは低迷する国内市場から海外市場への移行のための初動コストに近いもの**。実際、近年の売上成長率は大きく伸びています。会社全体としては非常に健全な成長過程を歩んでいるのです。

資産成長率に伴わない売上ってどういうこと？

成長前のユニクロ

自社の資産（自転車の性能・運転手の体力）に対して、売上（走行距離）も比例して伸びていました。

売上

成長後のユニクロ

自社の資産（自転車の性能・運転手の人数）が増えたにもかかわらず、そこまで売上（走行距離）が伸びていません。

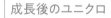

売上

国内市場から海外市場に目を向けて「仕込み」をしていた時期のため、資産（店舗）が増えても売上が上がりませんでした。

04 実は巨大な負債を抱える ソフトバンク

短期間で驚異の急成長をしたソフトバンクは、
巨額の借入で企業買収をして大きくなりました。

健全な有機的成長に対してお金の力で急成長を遂げるのが**M&A**。その代表的な例がソフトバンク（SB）です。SBは孫社長の指揮のもと、大規模な出資や企業買収で成長を続けています。90年代までのSBは子会社のYahoo！JAPANに依存状態で、2000年代に銀行やネット証券に投資するも失敗。損失を出し続けていました。しかしその後、電話事業への参入で急成長を遂げます。'06年にボーダフォンを買収し、'13年には米国の携帯電話会社のスプリントを買収。その後も**異業種の半導体メーカーを買収するなど、M&A を立て続けに10年ほど行います**。結果、買収開始当時の'03年に1.4兆円だったSBの資産は'21年には45.7兆円にまで急成長しました。

Yahoo！依存からの脱却

スプリント社
（アメリカ）

ボーダフォン社
（日本）

Yahoo!への売上依存から脱却すべく、銀行や証券会社に投資するも失敗、続いて電話事業に参入。

しかしその一方で疑問になるのは、どこにそのお金があったのか、という点です。買収した会社は、どれも当時のSBよりも総資産が多い、いうなれば格上の会社です。また、買収直後から売上が急増するということもありません。SBは買収に際して、超多額の有利子の負債を銀行から借り入れていました。銀行がこの巨額な融資に踏み切ったのは、当時の携帯電話事業の急成長に目を向けていたためです。事実、SBのキャッシュ・フローを見てみると、買収開始時の'03〜04年のキャッシュ・フローは赤字で、その分を財務（借金）によるキャッシュ・フローで賄っている状態です。しかし'05年以降は軒並み売上を伸ばしています。その一方で投資活動のキャッシュ・フローはマイナスのまま。つまり、継続してM&Aを行い、成長を続けていることがわかります。このように、**SBは巨額の借金を元手に買収を行い、有機的成長では不可能な急成長を遂げているのです。**

孫社長の先見性に銀行が気づく

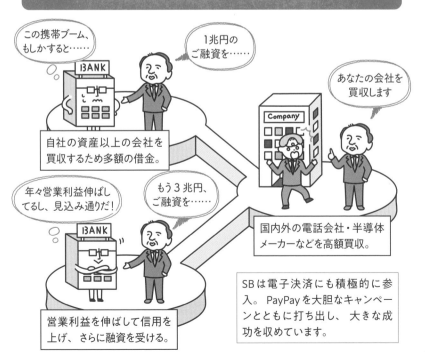

この携帯ブーム、もしかすると……

1兆円のご融資を……

あなたの会社を買収します

自社の資産以上の会社を買収するため多額の借金。

年々営業利益伸ばしてるし、見込み通りだ！

もう3兆円、ご融資を……

国内外の電話会社・半導体メーカーなどを高額買収。

SBは電子決済にも積極的に参入。PayPayを大胆なキャンペーンとともに打ち出し、大きな成功を収めています。

営業利益を伸ばして信用を上げ、さらに融資を受ける。

05 多種多様な ソニーの戦略①

ソニーは売上の割に資産規模が大きいのですが、
それは保険・金融事業を行っているからなのです。

ソニーは、世界中に事業を展開しているグローバル企業です。その財務諸表を見ると、売上規模に対して総資産が大きくなっています。これは、総資産回転率が低いということですが必ずしも悪いというわけではありません。これには、ちゃんとした理由があります。なぜかというと、**グループ企業内に、損害保険会社・生命保険会社・銀行といった金融事業を行う会社が含まれているからなのです**。金融機関はお金の取扱額こそ多いので資産は膨らみますが、売上は金利収入や手数料などであるため、その規模は必ずしも大きくはありません。多様な事業を行うソニーならではの事情といえます。

ソニーの資産と売上のバランス

総資産に比べると少なめの売上。ゲームや音楽、テレビなどの家電の販売による売上が多くを占める。

売上に比べて非常に大きい総資産。保険業や銀行業を営むことでお金の取扱額が増えるため、資産も膨らむ。

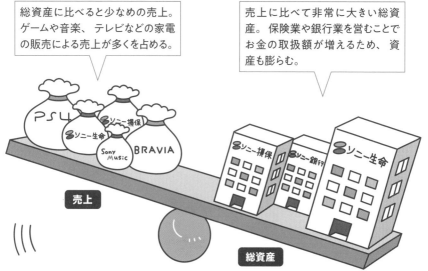

売上

総資産

本来、この会社は電気製品の製造業です。後にPlayStationなどのゲーム機も成功し、カリスマ社長に牽引されて、バブル経済崩壊頃までの業績は絶好調でした。ただ、ビデオ録画規格のベータマックスや記憶媒体のメモリースティックといった規格が、最終的に世界標準にはなりませんでした。それでも、ヒット商品に恵まれたこともあって、売上・利益が確保できていたのです。顕著な例として挙げられるのは薄型テレビとCDでしょう。'96年には、業界ではじめてフラットで画面に歪みのないテレビを発売し、その技術が高く評価されました。CDもソニーが主力商品と位置づけて、大きなシェアを誇っていました。後に、**液晶テレビやハードディスク・SDカードにとってかわられるのですが、成功体験が邪魔をして出遅れてしまったのです**。メイン事業に頼っていた業績が一挙に悪化したことが、**事業の多様化**に目覚めたきっかけだといえます。

ソニー多様化への道のり

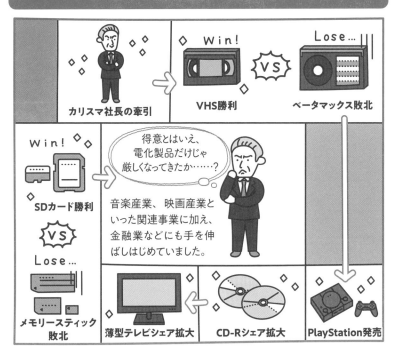

06 多種多様な ソニーの戦略②

過去の成功体験にとらわれてつまずいたソニーは、
多様な事業で盤石な経営基盤を構築しました。

ソニーが金融事業に力を入れているのは、投資キャッシュフローを見れば明らかでしょう。資産の多くを、金融ビジネスにおける投資と貸付に費やしており、また同社が公表している事業別のデータにも、**営業利益の多くが金融ビジネスで得られていることが記載されています**。このことから、ソニーはすでに家電やゲーム機を扱うだけの会社ではないとわかります。さらに、音楽関連事業も好調を維持しており、エンターテインメント系企業としても成功しているのです。'18年3月期の決算では、これらが功を奏して営業利益が対前年比2.5倍になりました。

ソニーのセグメント別の営業利益

2000

1000

0

【ゲーム&インターネット】
PlayStation5と、そのオンラインサービス料。

【音楽】
ソニー・ミュージック所属のアーティストの利益。

【映画】
ソニー・ピクチャーズによる映画配給とアニメ製作による利益。

【ホームエンターテインメント&サウンド】
ウォークマン、ハイレゾ音源配信、テレビなどによる販売利益。

業績が低迷したとき、ソニーは中心事業の成功体験にとらわれていました。その反省から、さまざまな分野に事業拡大を図ったのです。同時に、**将来性が期待できて売上・利益が大きくなると予測できる事業を強化しました**。それが、ゲーム事業や半導体ビジネスです。実際にゲーム事業は'12年度に売上は7071億円、営業利益が17億円だったものが、'22年度には売上が3兆6446億円、営業利益は2500億円に成長しています。これは、なにもゲーム機の売上増が主因ではありません。'12年度の据え置きゲーム機販売台数は1650万台、'22年度は2010万台です。両者の差は、ネットワークサービス料でした。PS4、新製品のPS5はネットワークサービスが有料で、ゲームソフトもそこからのダウンロードが増えているのです。このように、外部環境を分析して将来を予測し、成功体験にとらわれず**儲かる事業**を拡大させたことが、ソニー復活の原動力になりました。

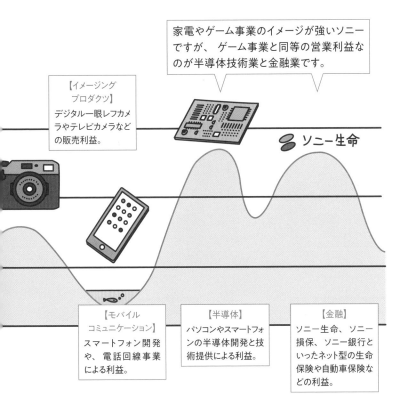

家電やゲーム事業のイメージが強いソニーですが、 ゲーム事業と同等の営業利益なのが半導体技術業と金融業です。

【イメージング
プロダクツ】
デジタル一眼レフカメ
ラやテレビカメラなど
の販売利益。

ソニー生命

【モバイル
コミュニケーション】
スマートフォン開発
や、電話回線事業
による利益。

【半導体】
パソコンやスマートフォ
ンの半導体開発と技
術提供による利益。

【金融】
ソニー生命、ソニー
損保、ソニー銀行と
いったネット型の生命
保険や自動車保険な
どの利益。

07 外食産業ならではの強みを活かすゼンショー

さまざまなジャンルの飲食店を展開するゼンショーは、グローバルな視点で成長を続けています。

「すき家」や「はま寿司」などさまざまなジャンルの外食チェーン店を運営するゼンショー。コロナ禍で飲食産業全体が大きなダメージを負う中でも業績を伸ばし、業界売上トップを誇っています。ゼンショーの強みは、飲食業界ならではの特徴を活かした経営戦略です。飲食業界は、原材料の仕入れや消費者の支払いなど、お金のやり取りがリアルタイムに行われる**現金商売**。また主に生鮮食材を扱っているので、経営の圧迫につながりかねない余剰在庫が少ないという点があります。また、**商品の売れ行きを的確に予測し、ムダをつくらないような商品管理も好調の秘訣です。**

決算書に表れる飲食業界の特徴

1500円です

ごちそうさま〜

在庫が多すぎるとムダになっちゃう

¥1500

売上債権が少ない

棚卸資産が少ない

飲食業は代金がすぐに回収できるため、売上債権は少なくなります。

食品を扱う性質上、在庫を抱えることはできません。そのため棚卸資産は少なくなります。

ゼンショーの強みは、独自の成長サイクルだといえます。それは**「すき家」で築いた効率的なノウハウを使ったM＆A。業績の落ち込んだ企業を買収し、そこに独自ノウハウを投入することで経営を立て直します。**こうしてグループ全体で事業の拡大を図るのです。また海外へ目を向け、「すき家」を世界中に出店する戦略も他企業に追随を許さない理由のひとつです。とくに欧米などは日本より飲食にかかる単価が高く、付加価値が高い傾向にあり、さらに昨今は世界的なインフレによって販売価格が上昇するため、今後も高い収益が見込まれます。ただし、国内の経済事情は芳しくなく、ゼンショーのような薄利多売のビジネス戦略にはさまざまな経営課題があるのも事実。ロボット化等による人的コストの削減や、安定運営のための人材確保、いかに商品の付加価値をつけるかなどを検討していく必要があります。

世界を視野に入れたゼンショーの成長戦略

08 広告収入が減っていても好調の日テレ

地上波テレビ局の主力である日テレは制作費の削減や事業の多角化で業績を伸ばしています。

若者のテレビ離れが進み、業界全体が不安視されることもあるテレビ業界。かつて収益の大部分を担っていた広告収入は、視聴率の低下とともに減少し、各局が厳しい状況に直面しています。**地上波テレビ局で視聴率トップを誇る日本テレビも、2022年上期の広告収入は前年同期より5.5%減、金額にするとなんと約64.9億円減少しました。**しかしそのような状況の中でも、日テレはグループ全体の業績を大きく伸ばしているのです。2017年から2022年までの5年間の純資産の伸び率がおよそ1.3倍であることからも、その好調ぶりがうかがえます。

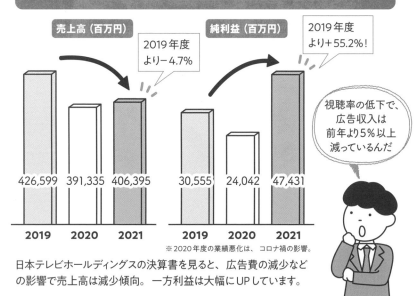

逆風の中でも成長を続ける日テレ

売上高（百万円）

2019年度より−4.7%

	2019	2020	2021
	426,599	391,335	406,395

純利益（百万円）

2019年度より+55.2%！

	2019	2020	2021
	30,555	24,042	47,431

視聴率の低下で、広告収入は前年より5%以上減っているんだ

※2020年度の業績悪化は、コロナ禍の影響。

日本テレビホールディングスの決算書を見ると、広告費の減少などの影響で売上高は減少傾向。一方利益は大幅にUPしています。

174

では、なぜ日テレは業績を大きく伸ばすことができているのでしょうか。まず日テレが取り組んでいるのは番組制作費のカットです。2019年度には約952億円あった制作費を、2021年度には約845億円にまで減少させています。こうして**収益性の改善**に取り組んだ結果、広告収入を減らしながらも利益を上げることに成功しました。また事業の多角化戦略も成功を収めている一因です。**動画配信サービス「Hulu」でサブスク会員の獲得を進めたり、スポーツジム「ティップネス」を運営したりと、本業以外のビジネスにも力を注いでいます**。また2023年秋には「スタジオジブリ」を子会社化することも発表しました。この提携は日テレと同社の長年の信頼関係の結果だといえるでしょう。アニメはテレビとの相性がよく、さらに広告収入に依存しないコンテンツとして期待が集まっています。

コストカット・事業多角化で収益化を図る

日テレは番組制作費のカットや本業以外の事業展開を行うことによって、収益を得ることに成功しています。

広告収入が減っているんだから仕方ない

952億円　845億円

2019　2021

番組制作費のカット

やっぱり時代はサブスクだな〜

「Hulu」の運営

テレビとは全然関係ないね

スポーツジムの運営

経営のことはお任せを

作品づくりは自由にするね

「スタジオジブリ」の子会社化

09 成長を続ける 日本のトップ企業のトヨタ

日本の自動車メーカーの先頭を走り続けるトヨタ。厳しい状況の中でも順調に業績を伸ばしています。

世界的自動車メーカーであるトヨタ。2023年には、日本企業ではじめて四半期ベースで営業利益1兆円を達成しました。リーマンショックの影響で停滞していた純資産の伸び率も2017年から2022年の5年間で約1.5倍となり、業績の好調ぶりがうかがえます。世界的な半導体不足、コロナ禍による新車納期遅延などもある中、どのように成長を続けているのでしょう。そこで着目すべきポイントは2つです。まずは**原価低減**。**自動車メーカー全体の特徴に、他産業よりも原価率が高いことが挙げられます**。一般的なメーカーでは原価率は60％ほどが平均的ですが、自動車メーカーは80％ほどにもなるのです。

原価を抑えることで利益を上げる

8割を占める原価をできる限り引き下げる

原価は「原材料費」と「加工費」があるよ

原価 → 原価

代替部品を使う

コロナの影響で足りない部品がたくさんある

半導体の需給バランスの改善

自動車には欠かせないもの

納品方法の改善

みんなで協力して生産性UPだ！

仕入れ先　　関連会社

そこでトヨタは原価を抑えるために、製造プロセスの抜本的な見直しを行いました。コロナ禍の影響で製造が追いつかない関連部品を代替品で対応したり、生産性を向上させたりするため、納品方法を仕入れ先や関連会社とともに変更したりしたのです。また、長らく続いていた半導体不足も、自社の努力で需給バランスを安定させました。その結果、すべての地域で販売台数を増加させることに成功しています。2つ目のポイントは製販分離。自動車は分割払いで購入される場合がほとんどで、代金を回収するまで時間がかかるため、売上債権が多くなります。そこで、**トヨタが製造した自動車を全国の地場企業が販売するという構造を採用し、自由度の高い販売事業ができるようにしました**。中古車販売や自動車修理だけでなく、地域密着型の事業を行う販売会社もあり、それもトヨタならではの強みといえるでしょう。

Column
08

自分で
確定申告してみよう

　会社員の場合、納税は源泉徴収で行われているうえに、ほとんど経費が認められないため、確定申告をすることはあまりありません。しかし、個人の生活にも会社と同様のお金の動きがあります。とくに近年は副業が認められるようになったり、独立開業をしたりする人も増えてきています。個人が確定申告をする機会も、増えてくると思われます。

　会社と同様の処理をするのであれば、青色申告が対象になります。家庭でつけられている家計簿は、お金の出入りだけを記録している単式簿記ですから、これを複式簿記に改めなければなりません。期末には、これをもとに1年の決算をするのです。もちろん、家庭では10万円を超える買い物は少ないので、資産は多くないかもしれません。しかし、自動車・不動産・小口投資などはその対象になります。家計の詳細がわかって節約・節税に役立ち、会計学の勉強にもなるのでチャレンジする価値があるのではないでしょうか。

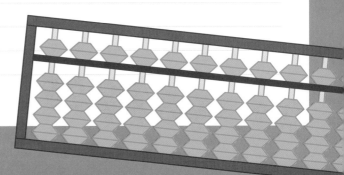

収益認識会計基準について知る

売上をどのように認識し、どのようなタイミングで
財務諸表に反映するのかというのは、実は決まりがあります。
それが2021年に適用が開始された収益認識会計基準です。

01 収益認識会計基準 ってなに？

2021年、日本で新たな会計基準が導入され、
曖昧だった箇所が明確化されました。

企業の規模や業績を測るためには、売上を適切に計上する必要があります。そこで日本では、2021年4月から収益認識会計基準という新たな会計制度を導入しました。**これは「売上をどのように認識し、どのタイミングで財務諸表に反映するか」という基準を明確に記したもの**。つまり、売上が「いつ」、「どれだけの金額」立ったかという**収益認識**を定めており、現在大企業や上場企業には強制的にこの会計法が適用されています。実はこれまでの日本にはこのような共通基準はなく、それぞれの企業の解釈に任せる形で売上が計上されていました。

収益認識会計基準とは？

いつ

どれだけの
金額

収益認識

収益認識会計基準
売上をどのように認識し、
どのタイミングで財務諸
表に反映するか。

共通のルールを
つくったんだね

収益認識会計基準は、
売上を計上するときのタ
イミングと金額を揃える
ために導入されました。

「いつ」と「どれだけの金額」という2つの基準を具体的に見てみましょう。コンビニでジュースを買ったときは、レジでお金を支払ったときが売上の立つタイミング。しかし商品やサービスによって、売上が立つタイミングはさまざまです。たとえばサブスクリプションサービスで3か月分の料金を先払いしたときには、ユーザーはその期間、サービスを使い続けることができます。**このように支払いのタイミング（対価の受領）と、有効期間（履行義務の充足）にずれが生じているとき、売上をいつ計上するべきなのかという認識をはじめて明記したのです。**またたばこや酒のように、商品に間接税が含まれているとき、税込み、税抜きどちらの金額を計上するかによって売上が大きく変わってきます。企業ごとにばらつきが出ないよう、この会計基準で共通のルールを定めています。

「どれだけの金額」を計上するべきなのか

動画配信サブスクサービスの場合

料金を先払いする場合、どのタイミングで売上を計上するかは各々の判断に任されていました。

3カ月だけ契約しよう

いっぱい観られて満足〜

販売（対価の受領）　有効期間（履行義務の充足）

たばこを買った場合

商品に間接税が含まれる場合、計上する売上に税金を含めるかどうかも曖昧でした。

580円です

はい

税込みと税抜き、どっちで計上するんだろう？

消費税：52円
たばこ税：305円
本体価格：223円

どうして収益認識会計基準が必要なのか？

従来の日本の会計基準は、実現主義という
抽象的な原則に頼っていました。

前ページで解説した通り、日本の従来の会計基準では、売上を計上するタイミングと金額が企業ごとに異なっていました。その理由は、収益の認識を**実現主義**と呼ばれる抽象的な基準に頼っていたためです。実現主義とは、商品やサービスが提供され、現金や売掛金などで対価が支払われた時点で収益を認識し、計上するという考え方。**これは従来の小売システムでは十分に通用する考え方でした。**たとえば百貨店で洋服を買うとき、店員さんは消費者に洋服を渡し、その後消費者はレジで代金を支払います。この時点で実現主義の要件は満たされたため、売上は計上されます。

実現主義とは？

①商品やサービスが提供される

この2ステップが行われたときが、売上計上のときだという考え方だね

1万円です

クレジットカードでお願いします

②現金や売掛金（クレジットカード払いやローンなど）で対価が支払われる

実現主義は従来の小売システムには適用できますが、近年誕生したサービスには適用できない場合があります。

しかし、近年さまざまなビジネスモデルが誕生し、構造が複雑化したことによって、実現主義では判別できない事例が増えてしまいました。前ページで挙げたサブスクリプションサービスや、テーマパークの年間パスポートなどがよくある例です。明確な基準が記されていないことで企業ごとに収益認識がずれてきてしまったのです。収益認識会計基準はこのような背景で導入されました。また、このタイミングで新たな基準が制定されたのにはもうひとつきっかけがあります。それは国際的な会計基準審査会である、IASBとFASBが共同で包括的な会計基準を開発したこと。世界中で会計基準を統一しようという動きがあったことによって、日本も収益認識を世界と同水準にするべきだという機運が高まったといえるでしょう。日本の収益認識会計基準はアメリカが採用しているIFRSをベースにしています。

制定の背景にある、事業の複雑化・国際的な動向

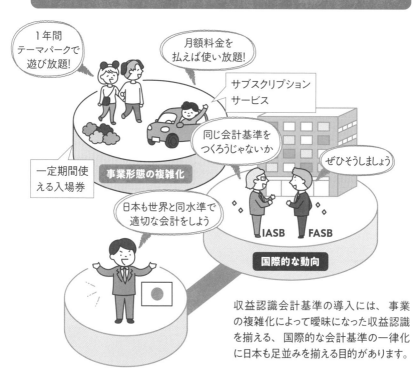

収益認識会計基準の導入には、事業の複雑化によって曖昧になった収益認識を揃える、国際的な会計基準の一律化に日本も足並みを揃える目的があります。

03 国際会計基準ってなに？

会社の活動がグローバル化している中で、
世界共通のものさしで会社を評価する基準が必要になってきました。

会社はそれぞれの国で設立され、そこの法律に適合する形で運営されてきました。しかし、**近年はグローバルに活躍する企業が増加し、会社の評価についても統一的な基準が必要だという認識が高まりました**。そこで国際会計基準審議会（IASB）が定めたのが、国際的な会計ルールである**IFRS**（International Financial Reporting Standard）です。このIFRSを正しく日本語に訳すと「国際財務報告基準」となりますが、日本では一般的に「国際会計基準」と呼ばれます。IFRSは2005年から欧州で導入がはじまり、日本でも2011年から導入がはじまりましたが、まだ準備段階といえるでしょう。

IFRSの必要性

IFRSが定められる以前は、各国でのビジネス慣行が異なることもあり、それぞれの国の事情に沿ったルールで財務諸表はつくられてきました。しかし、そういった状況だと各国の企業を投資家目線で平等に比べられないため、世界共通の会計ルールの必要性は今後ますます高まっていくはずです。**日本の会計基準とIFRSには異なる点がいくつかありますが、企業活動を財務3表で表すという基本は一緒**ですので、財務諸表を読むだけであれば、さほど難しく考えなくても大丈夫でしょう。ちなみに、IFRSの基準には3つの特徴があります。1つ目は原則主義です。これは解釈基準だけを示して、詳細な規定・数値基準は決めない考え方です。2つ目は貸借対照表重視で、3つ目はグローバル基準です。ちなみにIFRSの会計基準は、日本でも約260社の企業が適用しています（2023年時点）。

IFRSの3つの特徴

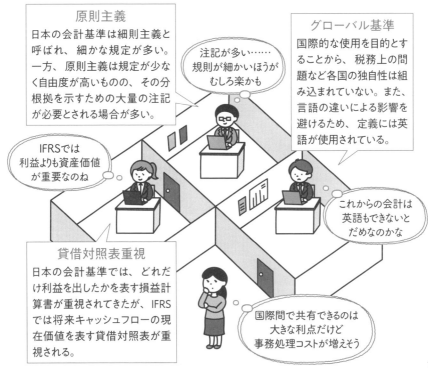

原則主義
日本の会計基準は細則主義と呼ばれ、細かな規定が多い。一方、原則主義は規定が少なく自由度が高いものの、その分根拠を示すための大量の注記が必要とされる場合が多い。

注記が多い……規則が細かいほうがむしろ楽かも

グローバル基準
国際的な使用を目的とすることから、税務上の問題など各国の独自性は組み込まれていない。また、言語の違いによる影響を避けるため、定義には英語が使用されている。

IFRSでは利益よりも資産価値が重要なのね

これからの会計は英語もできないとだめなのかな

貸借対照表重視
日本の会計基準では、どれだけ利益を出したかを表す損益計算書が重視されてきたが、IFRSでは将来キャッシュフローの現在価値を表す貸借対照表が重視される。

国際間で共有できるのは大きな利点だけど事務処理コストが増えそう

04 国際会計基準の影響

国際会計基準は会社の価値を正しく評価するので、
財務諸表に基づくすべてのものに影響を与えます。

国際会計基準は、会社の価値を測ることに重点が置かれています。そのため、事業規模を表す売上高、本業の儲けを表す営業利益、会社全体の儲けを表す当期純利益といったものが重視されます。すなわち、経常利益がなくなるということです。これは、**会社の収支を事業活動と財務活動に分けるという考え方が、基本になっている**からです。経常利益はなくなりましたが、含み損益や為替差損などを加味し、**包括利益**という項目ができています。これにより、含み益のある資産を売却して特別利益を出し、意図的に儲かっているように見せるなどということはできなくなりました。

日本の基準とIFRSの主な違い

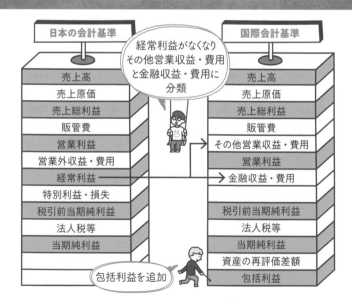

国際会計基準は、会社の財産をその時点の価値で正確に表し、採用している会社は投資家・取引先から的確でスピード感のある経営をしているという評価を受けます。そのため、未採用の会社に比べて優位性が出てくるのです。また、会社の内部では、自社の分析と経営戦略を立案するのに管理会計を採用しますが、これを国際会計基準に準拠させなければならなくなります。**これが実現すればグループで連結決算をする際に、グループ企業間の財務諸表の比較がしやすくなります**。会計・販売・固定資産管理・給料などの既存システムも同様で、新たなルールに合わせて改修が必要になるでしょう。また、金融機関が会社に貸付をする際、貸し倒れを防ぐための財務制限条項がありますが、国際会計基準でつくられた財務諸表の場合、これまでと数値が異なってしまうため、条項に抵触することも考えられます。その場合は、再度契約を締結し直さなければなりません。

IFRS導入のメリットとデメリット

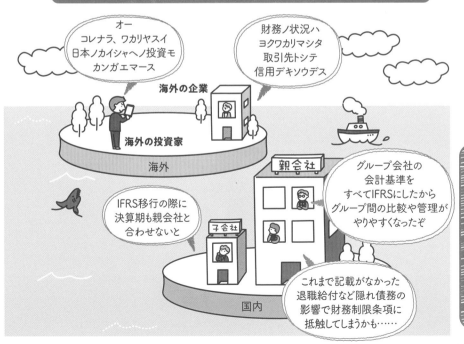

05 収益認識会計基準 の対象となる範囲

会社の収益から、収益認識会計基準が適用できるものを
見つけ出す必要があります。

P.184 ～ 187で国際会計基準について解説しましたが、ここからは
収益認識会計基準に話を戻します。収益を認識するといっても、会
社の全収益を収益会計認識基準で認識できるわけではありません。
収益が、**顧客**との契約によって生じたものである必要があります。
加えて、**ある3つの条件を満たす取引からの収益のみが、適用範囲とな
ります**。その条件の1つ目は、取引が契約によって結ばれているこ
と。契約という、法的に強制力のある取決めがなされている必要が
あります。

収益認識会計基準を適用できる条件

取引が契約によって結ばれている

契約

ちゃんとした取引

アパレルA社　　顧客

収益を生じる取引
が、法的に強制
力のある取決め、
つまり契約によっ
て結ばれている必
要があります。

2つ目は、対価との交換により、商品や製品、サービスを提供すること。当社と顧客の双方が義務を負い、その代わりに対価を得るという権利を持っていなければ、取引は成立しません。3つ目は、**当社の通常の営業活動によって生じたものを提供して収益を得ている**こと。本腰を入れている通常事業の収益ではなく、家賃収入のような保有する資産から安定的に得られる収益は、基準の適用外です。これら3つの条件を満たす顧客との取引であれば、その収益を、基準を用いて認識可能なのです。また適用外の取引の例としては、「リース取引に関する会計基準」の範囲に含まれる取引や、保険法に則った保険取引、金融商品の組成や取得によって受け取る手数料などが挙げられます。

対価との交換により、商品や製品、サービスを提供している

当社と顧客がそれぞれ義務を負い、その代わりに権利を得ている状態でなければなりません。

対価として
お金を支払います

服を提供します

当社の通常の営業活動によって生じたものを提供して収益を得ている

保有する不動産からの家賃収入のように本業である事業以外で得た収益は、収益認識会計基準の対象とはなりません。

本業のアパレル事業からの収益は対象

保有資産などからの本業以外の収益は対象外

06

収益認識会計基準には5つのステップがある

収益認識会計基準を用いた会計処理の、
大まかな流れを把握しておきましょう。

収益認識会計基準の会計処理には、5つのステップがあります。 まず、ステップ1は契約の識別。これは会計処理をする対象が、収益認識会計基準に適用できる契約なのかどうかを判断します。ステップ2は、履行義務の識別です。履行した契約内容は、それぞれ会計処理のタイミングが異なるので仕分けをする必要があります。ステップ3は、取引価格の算定です。契約そのものがいくらになるのか計算し、値引きや割戻といった影響を鑑みて取引価格を決定します。

収益認識会計基準を用いた5ステップ

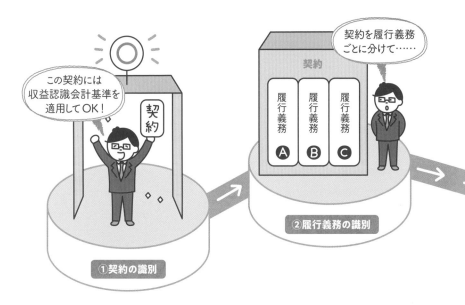

ステップ4は、取引価格の配分です。ステップ3で算定した契約の取引価格を履行義務ごとに割り振ります。ステップ5は収益の認識です。履行義務が充足されたときに、割り振っていた金額を収益として数えます。これら5つのステップが収益認識会計基準のプロセスになります。大まかにまとめると、**ステップ1・2で会計処理する収益の範囲を定め、ステップ3・4で収益の具体的な金額がいくらになるのかを算出し、ステップ5で収益を処理するタイミングを決定するといった流れ**になります。次項から、ステップごとにくわしく解説していきます。

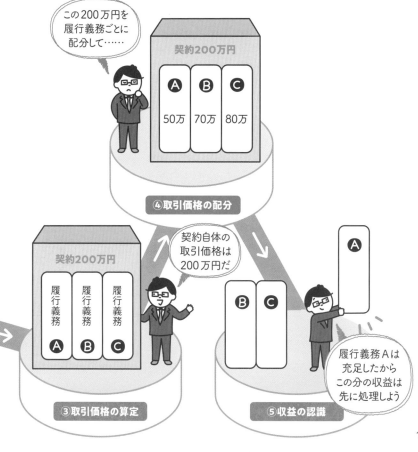

ステップ1
顧客との契約を識別する

契約が収益認識会計基準の対象になるかどうかを
最初にチェックします。

収益認識会計基準の対象となる契約かどうかを識別することが、収益を認識するための第1ステップ。**この識別を行うためには、会計基準に定められた5つの要件を満たす必要があります。** ちなみに、**顧客との契約**というのは、契約書の有無は関係ありません。口頭や取引慣行で双方の合意があれば契約となります。

契約を識別する5つの要件

顧客も当社も契約に合意！

顧客　　当社

①契約に納得し、承認している

代金を払えば商品を受け取ることができる

商品を渡せばその代金がもらえる

②権利がはっきりしている

5つの要件についてくわしく見ていきましょう。まず1つ目は、**契約した両者がお互いに納得しており、その義務を果たすと約束していること**。当社と顧客が契約の内容、義務を理解し、承認しているかを確認します。2つ目は、それぞれの持つ権利がはっきりしていること。義務を負う代わりに、お互いができることはなにかを理解している必要があります。3つ目は、支払いの条件がはっきりしていること。代金の支払い期限や支払い方法といった詳細を明らかにしましょう。4つ目は経済的な根拠があること。契約が無効になり得る規定や、代金の変動がないか確認します。5つ目は、顧客から代金を回収できる見込みがあること。対価を回収できないと、ビジネスとして成り立ちません。

08

ステップ2　契約における履行義務を識別する

契約の内容を分解し、それぞれの業務を個別に考えていく作業です。

履行義務というのは、収益認識会計基準で新しく導入された考え方です。どういうものか説明すると、**たとえば契約がノートパソコンを販売してその保証サービスを付与するというものだったとします。**この契約は「ノートパソコンを販売する」と「保証サービスを付与する」の2つの約束に分けることができ、別々に収益認識を検討していきます。この分けられた約束が履行義務です。履行義務ごとに収益を認識するタイミングが決まっており、これによってルールの統一が図られています。

履行義務には3パターンある

ノートパソコンと保証サービスは別々で顧客に提供できる

だからそれぞれが単独した履行義務だ

ノートパソコンの販売

保証サービス

①商品やサービスを個別のものとして捉えるパターン

履行義務には、3種類のパターンがあります。 1つ目が、提供する商品やサービスを個別のものとして捉えられるパターンです。提供するもの同士のつながりが薄く、それぞれが単独で成り立つ場合は、別々の履行義務として分けます。2つ目が、複数の商品やサービスをひとつのまとまりとして捉えるパターンです。単独で提供するだけでは成り立たず、複数のものが集まって形になる場合、それらを合わせてひとつの履行義務と考えます。3つ目が、同じ内容の商品やサービスを複数回履行するパターンです。定期便や定期乗車券といったものがこのパターンに当たり、複数回分すべてをまとめてひとつの履行義務と捉えます。

②複数の商品やサービスをひとつのまとまりとして捉えるパターン

③同じ内容のものが複数回履行される場合、
複数回分すべてをひとつのまとまりとして捉えるパターン

09 ステップ3　要素を考慮しながら取引価格を算定する

収益を認識するために、
まず土台となるのが契約全体の取引価格です。

収益となるお金を計算するためには、まず契約そのものがいくらになるのか、取引価格を設定する必要があります。この**取引価格**というものは、単に売上のことを指しているのではありません。**値引きや割戻といった要素の影響を考慮し、実際に当社の利益となる金額**のことを指します。この実際の利益に影響を与える要素は4つあるとされており、それぞれへの対応も収益認識会計基準によって定められています。

取引価格に影響する4要素

①変動価格

返品されそうな分は
あらかじめ売上から
引いておかないと

7日間の返金保証あり!
ご満足いただけなかった
場合は全額返金いたします

②契約における
重要な金融要素

今カツカツなので
利息がついちゃうけど
支払いを先延ばしします

わかりました

利息分は売上から
除いて考えないと

どのくらい返品されそうかを予測し、
あらかじめ売上からその分の金額を
引いたものが取引価格です。

プラスで利息分が支払われる場合、売上からその分を除いた金額が取引価格です。

要素の1つ目は、変動対価です。**値引きや返金により、提供したものの価格が変わる可能性がある場合のこと**を指します。2つ目は、重要な金融要素です。たとえば支払いの時期を延長した場合、代わりに利息がかかることがあります。このような利息分が重要な金融要素に当たります。3つ目は、現金以外の対価です。顧客から対価として常に現金が支払われるとは限りません。もし、もので支払われた場合は、その時点のものの価格(時価)が取引価格となります。4つ目は、顧客に支払われる対価です。通常、対価は顧客から当社へ支払われますが、クーポンや割戻のように顧客へ対価を支払う場合があります。その分の金額を取引価格から差し引かなければなりません。

③現金以外の対価

対価が現金でなくものである場合は、その時点でのものの価格が取引価格です。

④顧客に支払われる対価

顧客が小売店である場合、商品の販売促進に協力してくれることがあります。そのお礼として支払うお金は、売上から差し引く形となり、これで残った金額が取引価格です。

10 ステップ4　履行義務へ取引価格を配分する

履行義務に取引価格を配分しておくことで、
後々の収益認識がスムーズに進行します。

ステップ2で解説した履行義務が再び登場です。ここでは、**ひとつ前のステップで算定した契約そのものの取引価格を、各履行義務に配分**します。これをしておくことで、履行義務ごとの適切なタイミングで収益を認識することができます。ここで必須となるのが、**単独販売価格**です。これは商品やサービス単品での価格のことで、契約の取引価格を履行義務ごとに配分する際の指標となるものです。例を挙げて、くわしく見ていきましょう。

単独販売価格の出し方

①単品の価格がわかっている場合

ノートパソコン　　保証サービス

7　：　3

ノートパソコン+保証サービス=セット価格なら、単品の価格がそのまま履行義務に配分される価格になります。

セット割引があり、ノートパソコン+保証サービス>セット価格の場合は、単品の価格をもとに各履行義務へ配分する比率を算出します。

たとえば、ノートパソコンとその保証サービスをセットで販売するとします。このとき、ノートパソコンの販売と保証サービスは別々の履行義務です。契約そのものの取引価格＝セット価格であるため、このセット価格を履行義務ごとに配分する必要があります。そこで重要なのが、単品の価格。**もともとノートパソコンと保証サービスが単品でも売られている場合は、その価格を参考にセット価格を配分**します。もし単品の価格がわからなければ、商品の製作費用と回収する利益をもとに単品の価格を算出します。また、保証サービスの価格だけわからないという場合だと、わかっているセット価格とノートパソコンの価格から考えて、保証サービスの単品価格を求めることが可能です。

②単品の価格がわからない場合

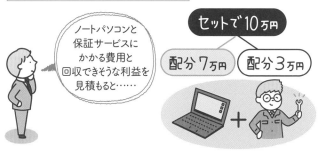

セットで 10万円

配分 7万円　配分 3万円

かかる費用と回収する利益を見積もることで、各履行義務に配分する価格を出すことができます。

③単品の価格がわかっているものとわからないものがある場合

セットで 10万円

配分 7万円　配分 3万円

単品7万円　（10万-7万）円

保証サービスの単品価格がわからなくても、ノートパソコンの単品価格がわかっていればセット価格からノートパソコン代を引くことで配分額を算出することができます。

ステップ5
収益を認識する

収益を認識するタイミングは、履行義務が充足したときです。ステップ5では、この充足を判定していきます。

最終ステップでは、**履行義務の充足と、その収益を得るタイミングがいつであるかを決めます**。履行義務には2種類あり、それぞれ決め方は異なります。まず1つ目は、ある時点で充足する履行義務です。顧客が商品を自由に扱えるようになったタイミングを履行義務の充足と捉え、売上をその時点で計上します。たとえば当社が販売するイスを顧客が購入して手元に引き取ったとき、顧客はイスを好きに使用できる状態です。履行義務はすぐ充足され、イスの収益を計上できます。

履行義務には2種類ある

ある時点で充足する履行義務 | 履行義務＝イスの販売

イスの所有が顧客に移ったタイミングが、履行義務の充足です。この時点で、イスの販売による収益を認識します。

2つ目は、充足に一定期間かかる履行義務です。この場合、義務の進捗度に応じて売上を計上します。たとえば家を建設する際は、設計から施工、最終的な完成まで一定の期間がかかります。継続的に義務が進行し、徐々に家が完成していくため、イスの売買のようにはっきりと商品の所有が顧客に移るタイミングをつかむことはできません。そこで、義務の進捗度が50％に達したら、最終的な売上の50％を計上する、というようにして段階的に収益を認識するのです。収益を認識する手順を簡単に説明すると、**まず充足に一定期間かかる履行義務かどうかを判断し、かかる場合は進捗度を見積もり、ある時点で充足する場合は商品の所有が顧客に移るタイミングを見出します。**

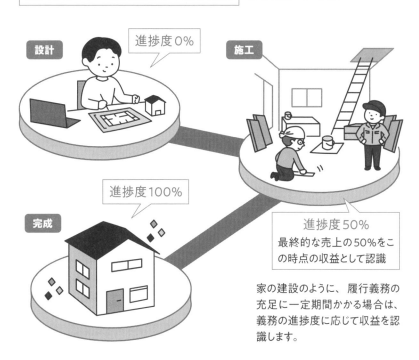

充足するのに一定期間かかる履行義務　履行義務＝家の建設

設計　進捗度0％

施工

進捗度100％

完成

進捗度50％
最終的な売上の50％をこの時点の収益として認識

家の建設のように、履行義務の充足に一定期間かかる場合は、義務の進捗度に応じて収益を認識します。

会計のグローバル化は
明治時代からあった

　ビジネスにおいて、金銭のやり取りを記録するために使われる簿記。中でも、複式簿記という方法がよくとられています。これはもともと13 〜 14世紀にイタリアでつくられた方法で、金銭のやり取りを借方と貸方の2 つの側面から捉えて記録します。双方を比べることができるので帳簿の不一致する部分を見つけやすく、とにかくわかりやすいのが特徴です。複式簿記はそのわかりやすさから世界各地へと広まり、日本にも明治時代に導入されました。それまでの日本では和式帳合と呼ばれる独自の簿記がありましたが、近代化の流れに伴ってグローバルな複式簿記がとられるようになったのです。

　このグローバル化は現代にも見られます。それが国際会計基準の導入です。これも複式簿記ではありますが、国によってそのルールが違うため、それを統一しようという動きがあるのです。

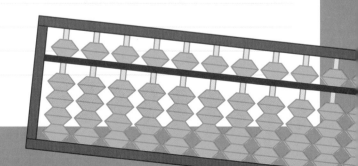

掲載用語索引

※初出ページ、またはくわしく解説している
　ページを記載しています。

◉ 主要参考文献

世界一やさしい 決算書の教科書１年生　小宮一慶　著（ソーテック社）

「ROEって何？」という人のための経営指標の教科書
小宮一慶　著（ＰＨＰ研究所）

はじめてでもわかる財務諸表　危ない会社、未来ある会社の見分け方
小宮一慶　著（ＰＨＰ研究所）

ビジネスマンのための最新「数字力」養成講座
小宮一慶　著（ディスカヴァー・トゥエンティワン）

よくわかる　ＲＯＥ経営　小宮一慶　著（東洋経済新報社）

これだけ　財務諸表　小宮一慶　著（日本経済新聞出版社）

財務諸表を読む技術　わかる技術　小宮一慶　著（朝日新聞出版）

あの企業の儲ける力がわかる！決算書の読み方見るだけノート
小宮一慶　監修（宝島社）

図解でナットク！会計入門（第３版）　枡岡源一郎　編著（中央経済社）

図解でスッキリ 収益認識の会計入門　第２版　EY新日本有限責任監査法人　編（中央経済社）

フローチャートでわかる！収益認識会計基準　内田正剛　著（税研）

会計超入門！　知識ゼロでも２時間で決算書が読めるようになる！
佐伯良隆　著（高橋書店）

カラー版　会計のことが面白いほどわかる本＜会計基準の理解編＞
天野敦之　著（KADOKAWA／中経出版）

会社法対応　会計のことが面白いほどわかる本＜会計の基本の基本編＞
天野敦之　著（中経出版）

いちばんやさしい会計の教本
人気講師が教える財務３表の読み解き方が全部わかる本　川口宏之　著（インプレス）

ダンゼン得する　知りたいことがパッとわかる　会社の数字がよくわかる本
平井孝代　著（ソーテック社）

図解「財務３表のつながり」でわかる会計の基本　國貞克則　著（ダイヤモンド社）

◎STAFF

編集	細谷健次朗（株式会社 G.B.）
執筆協力	三ツ森陽和、吉川はるか
特別協力	新宅 剛（株式会社小宮コンサルタンツ）
本文イラスト	フクイサチヨ
カバーイラスト	ぷーたく
カバー・本文デザイン	別府 拓、奥平菜月（Q.design）
DTP	川口智之（株式会社シンカ製作所）

監修 小宮一慶（Kazuyoshi Komiya）

株式会社小宮コンサルタンツ代表取締役CEO。1957年、大阪府堺市生まれ。京都大学法学部卒業。米国ダートマス大学タック経営大学院留学（MBA）、東京銀行（現・三菱UFJ銀行）、岡本アソシエイツ、日本福祉サービス（現・セントケア東京）を経て独立し現職。名古屋大学客員教授。 企業規模、業種を超えた「経営の原理原則」をもとに、幅広く経営コンサルティング活動を行う一方、年100回以上の講演を行う。『ビジネスマンのための「発見力」養成講座』（ディスカヴァー・トゥエンティワン）など著書は160冊を超え、現在も経済紙等に連載を抱える。近著は『稲盛和夫の遺した教訓』（致知出版社）。

新版 大学4年間の
会計学見るだけノート

2024年1月3日　第1刷発行

監修　　　　小宮一慶

発行人　　　蓮見清一
発行所　　　株式会社 宝島社
　　　　　　〒102-8388
　　　　　　東京都千代田区一番町25番地
　　　　　　電話　営業：03-3234-4621
　　　　　　　　　編集：03-3239-0928
　　　　　　https://tkj.jp

印刷・製本　サンケイ総合印刷株式会社